· 历史文化大聚焦丛书 ·

深度
历史回眸

徐井才 ◎ 主编

北京出版集团公司
北京教育出版社

图书在版编目（CIP）数据

深度历史回眸/徐井才主编. —北京:北京教育出版社,2012.9
（历史文化大聚焦丛书）
ISBN 978 - 7 - 5522 - 1110 - 8

Ⅰ.①深… Ⅱ.①徐… Ⅲ.①世界史 – 青年读物②世界史 – 少年读物
Ⅳ.①K109

中国版本图书馆 CIP 数据核字（2012）第 222611 号

深度历史回眸

徐井才　主编

*

北京出版集团公司
北京教育出版社　出版
（北京北三环中路 6 号）
邮政编码:100120
网址:www.bph.com.cn
北京出版集团公司总发行
全国各地书店经销
永清县晔盛亚胶印有限公司印刷

*

710×1000　16 开本　10 印张　90000 字
2012 年 9 月第 1 版　2012 年 9 月第 1 次印刷
ISBN 978 - 7 - 5522 - 1110 - 8
定价:29.80 元

目 录

中国历史

盘古开天辟地 ………………………………… 2

炎黄子孙 …………………………………………… 3

黄帝战蚩尤的传说 ……………………………… 4

大禹治水的传说 ………………………………… 5

少康复国 …………………………………………… 6

"殷墟" …………………………………………… 8

烽火戏诸侯 ………………………………………… 9

《周易》 …………………………………………… 11

管仲以"鹿之谋"征楚 ………………………… 12

"孔夫子" …………………………………………… 13

弦高舍牛救国 …………………………………… 14

《孙子兵法》 …………………………………… 16

鱼肚藏剑夺王位 ………………………………… 17

"卧薪尝胆"的由来 …………………………… 19

越王勾践的宝剑 ·· 20

商鞅立杆，信赏必罚 ·································· 21

孟尝君宽厚待门客 ···································· 23

庄子的诞生地——"蒙地" ·················· 24

屈原行吟沉江 ·· 25

荆轲刺秦王 ·· 27

秦始皇焚书坑儒 ·· 29

指鹿为马 ··· 30

揭竿而起 ··· 31

西汉开国皇帝—刘邦 ······························· 33

西楚霸王项羽 ·· 34

漂母分食待韩信 ·· 36

苏武持节牧羊 ·· 37

司马迁的后代不姓司马 ····························· 38

"一代医圣"——张仲景 ······················ 40

文姬归汉 ··· 41

曹操献刀 ··· 43

华佗 ··· 45

法显西天取经 ·· 46

大运河 ·· 47

世界上最古老的石桥 ································· 48

独一无二的女皇帝 ···································· 49

《西游记》里唐僧的原型 ······················ 50

唐代的鉴真和尚 …………………………… 52

赵匡胤黄袍加身 …………………………… 53

"澶渊之盟"是怎么回事 ………………… 54

沈括的伟大贡献 …………………………… 56

《资治通鉴》记史始于哪年 …………… 58

岳飞背上刺的是何字 …………………… 59

千古奇冤——"莫须有" ……………… 60

一代天骄——成吉思汗 ………………… 62

明朝的开国皇帝——朱元璋 …………… 63

郑和下西洋 ………………………………… 64

于谦和北京保卫战 ……………………… 65

戚继光 ……………………………………… 66

史可法抗清 ………………………………… 67

郑成功收复台湾 …………………………… 68

康熙皇帝 …………………………………… 71

"十全老人" ……………………………… 72

虎门销烟 …………………………………… 74

三元里抗英 ………………………………… 75

天朝田亩制度 ……………………………… 76

圆明园 ……………………………………… 78

戊戌变法 …………………………………… 79

黄花岗七十二烈士营葬始末 …………… 81

孙中山创建民国 …………………………… 82

辛亥革命的第一枪 ································ 83

做了 83 天皇帝的袁世凯 ···················· 84

世界历史

美索不达米亚和苏美尔 ···················· 88

古代埃及 ·· 89

米诺斯 ··· 90

迈锡尼 ··· 90

腓尼基人 ·· 91

汉谟拉比法典 ······································ 92

古巴比伦 ·· 94

古代希腊 ·· 95

世界最早的民主制度 ·························· 96

希腊文化 ·· 98

亚历山大大帝 ······································ 99

罗马的兴起 ······································· 100

罗马社会 ··· 101

拜占庭帝国 ······································· 102

法兰克民族 ······································· 103

查理曼帝国 ······································· 105

威金人 ··· 107

欧洲的封建制度 ································· 107

日本幕府 ··· 109

百年战争 …………………………………… 110

印加人 ……………………………………… 111

文艺复兴运动 ……………………………… 112

地理大发现 ………………………………… 114

宗教改革 …………………………………… 117

日本德川幕府 ……………………………… 118

伊凡雷帝改革 ……………………………… 120

英国资产阶级革命 ………………………… 121

在位 72 年的路易十四 …………………… 123

崛起的帝国——俄国 ……………………… 125

英国工业革命 ……………………………… 127

美国的诞生 ………………………………… 128

法国大革命 ………………………………… 129

拿破仑 ……………………………………… 131

滑铁卢战役 ………………………………… 132

1848 年欧洲革命 ………………………… 133

美国南北战争 ……………………………… 134

明治维新 …………………………………… 136

萨拉热窝事件 ……………………………… 137

十月革命 …………………………………… 138

希特勒上台 ………………………………… 139

罗斯福新政 ………………………………… 140

日本偷袭珍珠港 …………………………… 141

斯大林格勒保卫战 ……………………………………… 142

雅尔塔会议的主要内容 ………………………………… 143

联合国 …………………………………………………… 144

冷战时代 ………………………………………………… 145

欧洲的联合 ……………………………………………… 147

中东危机 ………………………………………………… 148

波斯湾战争 ……………………………………………… 149

苏联的解体 ……………………………………………… 151

中国历史

盘古开天辟地

盘古

天地是怎样形成的？人类是从哪里来的？今天都已有了科学的答案。然而，在这些"谜"未解开之前，这个问题几千年来只能由神话故事来回答。当然，神话故事往往很荒诞离奇。可是，它却反映了人类祖先对自然现象和社会生活的天真解释，反映了他们美好的幻想和向往。

自古以来，流传着一个"盘古开天地"的神话故事。传说在遥远的古代，天地还没有形成，宇宙是混混沌沌的一团气，既不分上下左右，也没有东西南北，没有光，也没有声音，犹如一颗浑圆的鸡蛋，蛋清中间有个蛋黄，人类始祖盘古氏在这个浑圆的东西中间孕育了18000多年，终于像孵化出的小鸡一样，破壳而出。而后，盘古氏挥舞着一把神斧，把这一团混沌劈了开来，分成两部分，一部分清而轻的气往上浮升，每天升高一丈，天长日久，就形成了蓝天；一部分浊而重的物质往下沉，每天增厚一丈，天长日久，就形成了大地。而盘古氏一天也能长一丈高。这样，又过了18000年，天升得很高很高，地变得很厚很厚，盘古氏也长成了顶天立地的巨人。

盘古氏成为巨人之后，他有了喜怒哀乐的表情，而天地之间的变化也随着他的喜怒哀乐的变化而变化。盘古氏高兴的时候，天空就很晴朗；发怒的时候，天空就显得阴沉；哭泣的时候，天空就下起雨来；呼吸的时候，大地上就形成一阵阵大风；他睡觉发出的鼾声，就是轰鸣的雷声。

伏羲女娲

也不知过去了多少年，这位伟大的开天辟地的巨人死了。他躺在大地上，头东脚西，他的头化为东岳泰山，脚化为西岳华山，左臂化为南岳衡山，右臂化为北岳恒山，他的肚子化为中岳嵩山，他的五脏六腑、头发和汗毛就化成了太阳、月亮、星星、高山、河流、草木，等等。

盘古开天辟地的神话故事，情节虽然离奇，却给后人留下了一个深刻的道理：人的力量是伟大的，人能创造一切。

炎黄子孙

◀ 炎帝陵

炎帝，即神农氏，与黄帝一起被尊奉为中华民族的先祖，今天中国人仍称自己为炎黄子孙。传说炎帝晚年南巡途中因误尝毒草身亡，死后葬在湖南酃县（今炎陵县）白鹿原。

很古老的时候，在氏族社会后期，我们的祖先逐渐形成了黄帝族、炎帝族和九黎族三个大部落。黄帝族和炎帝族最早居住在西北的陕西一带。后来，黄帝族定居在现在的河北涿鹿附近。传说黄帝是个很有本领的人，他发明了车、船和锅，制造了一种叫"弩"的、用机械力量射箭的弓，他还叫仓颉创造了文字。他的妃子嫘祖发明了养蚕缫丝。炎帝族最后来到山东地区。九黎族的活动范围主要在现在的山东、河南和安徽一带。传说炎帝族和九黎族为了争夺黄河流域的

▲ 炎帝像

肥沃土地，发生过一次战争，炎帝族被打败了，他们向黄帝族求援，炎黄两族联合起来，大败九黎族的首领蚩尤。于是，九黎族的一部分与炎黄两族合并，留在了北方，另一部分向南迁移到湖北、湖南一带，与当地的三苗族相结合。后人认为这就是苗族的祖先。

炎黄两部落在分分合合中渐渐融合在一起。此后，周围的各部落也逐渐融合到炎黄部落当中，形成了一个强大的民族。炎帝和黄帝被奉为中华民族的祖先，中国人也因此自称为"炎黄子孙"。

🔺 黄帝像

黄帝战蚩尤的传说

在遥远的古代，我国的黄河流域居住着许多分散的人群。他们按照亲属关系组成氏族，许多氏族又组成了部落。黄帝和蚩尤就是两个大部落的首领。

据说，黄帝姓公孙，后改姓姬，名叫轩辕，所以人们又叫他轩辕黄帝。他的部落联盟原来居住在我国西北部。蚩尤是九黎部落联盟的首领，原住在我国东南

🔺 涿鹿之战

部。后来，两个部落联盟逐步向中原地区推进，不断发生冲突，最后展开一场异常激烈的战争，史称"涿鹿之战"。

传说蚩尤长得凶猛异常，他是人身牛蹄、四目六手，头上生有尖利的角，耳朵旁边的头发直竖起来好像剑戟。他还有 81 个弟兄，都是铜头铁额、兽身人语。蚩尤与他的 81 个弟兄率领大军，浩浩荡荡从东方杀向涿鹿（今河北涿鹿县）。

当双方的军队在原野上激战正酣的时候，蚩尤呼风唤雨，吹烟喷雾，一时间漫天遍野的大雾把黄帝和他的军队团团围困，无法分辨东西南北。黄帝手里挥舞着宝剑，大声地喊道："冲出去呀！冲出去呀！"但是冲杀了老半天，还是在白茫茫的大雾的包围之中。

黄帝手下一个名叫风后的臣子，非常聪明。他运用鬼斧神工，很快替黄帝做了一辆"指南车"。靠着这辆车子的指引，黄帝才统率着军队冲出大雾的包围。

黄帝亲自擂起战鼓，指挥将士奋勇冲杀。雷鸣般的鼓声，在战场上空轰响，吓得蚩尤的兵士魂飞魄散，四散奔逃。黄帝打了一场大胜仗。

▲ 蚩尤

蚩尤逃到北方，请来夸父族帮忙，要再与黄帝决一雌雄。但他们毕竟斗不过黄帝的谋略，最终失败。

后来孙中山先生赞颂黄帝时写道："中华开国五千年，神州轩辕自古传。创造指南车，平定蚩尤乱，世界文明，惟有我先。"

大禹治水的传说

传说舜将鲧处死在羽山，接着，又让鲧的儿子禹去治水。

禹改变了父亲治水的老一套办法，带领百姓，拿起工具走遍九州，首先勘察地形，认真调查研究，分析原因。他用开渠排水、疏通河道、引洪入海的办法，终于征服了洪水。

▲ 浙江绍兴大禹陵

禹历尽千辛万苦，为治洪水用了长达13年的时间。13年中，他和老百姓一起劳动，带头挖土、挑土，累得腿上的毛也磨光了。据说，禹一心治水，13年里没回家一次，曾三次路过家乡也没回家。有一次，妻子涂山氏生下了儿子启，禹从门外经过，听到儿子的哭声也没进屋，拔腿又跟大伙儿一起去治水了。

经过13年的努力，禹终于完成了父亲未完成的事业。后来人们赞扬他治水的丰功伟绩，称他为"大禹"。

因为大禹治水有功，在舜死后，大家一致推选他为继承人，大禹做了部落联盟首领。

🔺 大禹

少康复国

🔺 大禹雕像

禹死后，立启为国王，建立了我国历史上第一个朝代——夏。

启做了国王以后，杀死父辈的一些有功之臣，征服了曾经反对过他的邻邦，便认为自己的王位已坐稳，整天吃喝打猎，不理朝政，过着荒淫无度的生活。当他年老的时候，宫中内讧起来，五个儿子都想继承王位。最后，启让大儿子太康继承了王位。

太康从小深受父亲恶习的影响，喝酒、打猎，贪图享乐，生活比启更腐化，他丢开国家大事不管，到很远的洛水边去打猎，一连几个月都不回宫。

那时候，黄河下游一带有个夷族部落（首领叫后羿）渐渐强大起来，想趁机夺取夏王的权力。

后羿是个百发百中的神箭手，他看到太康长期外出打猎，不理国家大事，又看到老百姓民不聊生，怨声载道，就乘机出兵，轻而易举地攻占了夏朝的首都安邑。太康打完猎高高兴兴地回来时，才发现已无家可归，只好在洛水北岸过着流亡生活。

后羿攻占了安邑后，为了掩人耳目，不敢自立为王，让太康的弟弟仲康当上了傀儡王，自己在幕后操纵国家大权。可是，当时有个叫伯封的诸侯，识破了后羿的阴谋诡计，不服他的管辖，因此，后羿就派兵讨伐伯封，将伯封抓来杀了，并抢走了他的母亲玄妻，

▲ 夏启

封玄妻为宠妃。当后羿凯旋的时候，寒国公子寒浞（zhuó）来投奔，此人阴险狡猾，胡作非为，在寒国国王面前得不到重用，因此决定投奔后羿。

寒浞在后羿面前甜言蜜语，奴颜媚骨，骗取了后羿的信任，后羿封他为相国，自己整天只顾吃喝玩乐，射箭打猎，把朝政大权都交给了寒浞。

寒浞野心勃勃，想当国王。因玄妻的儿子是被后羿杀死的，便在玄妻面前挑起是非以联络玄妻，并到处施行贿赂，收买部分大臣，准备刺杀后羿。

一天，寒浞带上几个刺客埋伏在树林中，趁后羿打猎回来路过这里时，乱箭齐发，后羿中箭身亡。

傀儡王仲康短命，没活多久就死了。仲康死后，寒浞担心篡不到王位，将仲康的儿子相也撵走了。相一离开王室，寒浞便命刺客将相杀死在路上。这时，相的妻子后缗正怀着孕，在宫中大臣和宫女们的协助下逃回娘家，生下了儿子，取名少康。按辈分，少康

▲ 后羿射日衣箱

▲ 嫦娥奔月

是启的曾孙。

少康从小就很聪明，刚懂事，母亲后缗就将家中曾祖父启荒淫昏庸、祖父太康的吏政庸败和父亲相被撵出宫并遭杀害的惨史一一讲给少康听。少康听了暗暗发誓，长大后一定要报仇雪耻，把失去的政权夺回来。

少康从小勤学苦练，练就一身好武艺。在同族人和邻近部落的帮助下，少康带领500士兵讨伐寒浞，终于夺回了王位。历史上称之为"少康复国"或"少康中兴"。

⚙ 知 识 链 接

夏朝的灭亡

少康中兴后，夏朝的统治逐渐巩固。杼继位后，大规模征伐东夷各部，一直打到东海，夏朝达到极盛时期。但是，到了第13代王孔甲的时候，夏朝各种社会矛盾尖锐起来。孔甲"好方鬼神，事淫乱，夏后氏德衰，诸侯畔（叛）之"。夏桀是夏朝最后一个王，暴虐无道，"不务德而武伤百姓，百姓弗堪"。他又竭尽民力物力，修筑宫室台榭，劳民伤财，人民咒骂桀说："时日曷丧？予及汝偕亡。"（这个太阳为何不快灭亡，我们宁愿与你同归于尽！）夏桀的统治再也无法维持下去了。公元前16世纪，东方兴起的商族首领汤率众伐夏，打败夏桀，夏朝灭亡了。

⌛ "殷墟"

"殷墟"是我国清朝末年，在河南省安阳市西北郊小屯村一带发现的商朝后半期文化遗址。该地在商朝时称为"殷"，从盘庚迁殷到纣亡国，共经历了8代12王，273年的时间。中国历史上又称商朝为"殷代""殷商"和"殷朝"。商朝被周武王灭亡之后，殷都被废弃，逐渐荒凉，以至变成废墟，天长日久被埋没在地下，

🔺 殷墟石刻

后来人们称之为"殷墟"。

从1928年起，这里不断有考古新发现，先后发掘出大量青铜器、玉器、陶器和甲骨（10万多片），还发掘出许多墓葬和宫室遗址。抗日战争爆发后，这项规模宏大的发掘工作被迫停止。但是在抗日战争时期和抗战结束后，日本和美国曾经盗掘和大肆搜刮抢购，使殷墟文物遭受巨大损失。蒋介石在逃往台湾时，也曾带走许多文物。新中国成立后，人民政府非常重视殷墟考古发掘与研究工作，中国科学院考古研究所于1950年在殷墟重新发掘，获得许多珍贵文物。

△ 殷墟

▨ 烽火戏诸侯

周朝统治的800多年中，最腐败、最衰落的年代要数西周幽王执政时期。

周幽王是个昏君，他执政期间不理朝政，整天只顾吃喝玩乐。他命令大臣到各地选美女送到宫里，供他尽情玩乐。选来的美女当中，有个叫褒姒的，美貌绝伦，周幽王非常宠爱她，专门把她留在宫中。

褒姒是个平民百姓的女儿，被征入宫后，常常思念亲人，过不惯宫中的生活，整天眉头紧锁，有时哭哭啼啼，闹着要回家，这可把周幽王急坏了。他想了很多办法，想使褒姒有个笑脸，可就是不见效，周幽王不知所措。

朝廷里有个叫虢石父的大臣，此人奴颜媚骨，专会奉承拍马、出鬼主意。他低头弯腰，跟周幽王耳语了一阵，周幽王听了之后连连称赞说："妙！妙！真是妙主意，事成后一定重赏。"

一天，周幽王按照虢石父的主意，带着褒姒来到骊山的城楼上赏月。城楼上备满了许多水果、点心，周幽王便和褒姒对饮起来，接着，又命人在烽火台上点起火，一时间，狼烟四起。

烽火台上狼烟升起，四方的诸侯以为北方的敌人戎狄打过来了，便带领人马，一齐奔向骊山救援。当各路大军赶到骊山脚下时，才发现这里太平无事，根本没有什么军情，抬头朝城楼一看，周幽王和褒姒正在一边喝酒，一边让舞女跳舞助兴呢！诸侯和士兵们非常气愤，掉头就往回走，可是，后面仍有信以为真的援兵朝骊山脚下开来，进的进，退的退，成千上万的兵马在这里乱成一团。诸侯上当受骗的情景，终于使褒姒看得笑了起来，周幽王第一次见到褒姒的笑容，心里高兴得无法形容，当场重赏了虢石父千斤黄金。

▲ 烽火戏诸侯

不久，戎狄真的对周幽王发动了进攻，戎狄带领大军一直打到骊山脚下，周幽王连忙命人点起烽火。

狼烟又升起了，可是，这次跟上回不同，救援兵一个也没来，结果，戎狄的军队攻占了骊山一带，杀死了周幽王，抢走了褒姒，接着又攻下了都城镐京。

周幽王死后，他的儿子即位，是为平王于公元前 770 年迁都洛邑（今河南洛阳）。历史上把周朝迁都前称为西周，迁都后称为东周。

▲ 骊山烽火台遗址

《周易》

《周易》是一部有关古人卜筮的书籍，也称《易》，汉代人通称为《易经》，是中国儒家典籍，六经之一。汉代人所说的《周易》，包括经传两部分，传是对经的解释。关于《周易》的成书，过去传说伏羲画八卦，周文王将八卦推衍为六十四卦。现在大体认为《周易》是先民们和古代卜筮之官长期积累的卜筮记录，它成书约在周代初期。

⬤ 演易坊

位于河南汤阴。传说周文王被殷纣王拘禁于此，周文王在被拘期间推演出《周易》六十四卦。

《周易》的基本思想是阴阳对立，以阴阳为基础形成八卦：乾、坤、震、巽、坎、离、艮、兑，分别代表天、地、雷、风、水、火、山、泽八种自然物，它们是构成世界的物质基础，其中天与地（乾与坤）是生成万物的总根源。《周易》把世界上千变万化、复杂纷繁的事物抽象为阴阳两个基本范畴，认为世界是由这一对具有对抗性的势力交互感应而产生、变化和发展的；一切事物的变化都有它自身的历史进程，当它发展到极限时，就会走向自己的反面，这是一种朴素的辩证法思想。阴阳五行学说虽然还没有摆脱神学的思想体系，但某些处于萌芽状态的科学思维，对后世产生了深远的影响。

⬤ 《周易》书影

管仲以"鹿之谋"征楚

春秋时期，齐桓公任用精明能干的管仲为卿，来治国安邦。管仲一上台便推举贤良，惩治腐败，大力发展生产。很快，齐国就民强国富，国运昌盛了。

由于齐国一天天强大，当时，许多割据一方的诸侯国都被征服，最后只剩下实力较强的楚国，它从不顺从齐国的号令，专跟齐国抗衡。

为了征服楚国，统一华夏，加之大臣们纷纷请战，齐桓公就决定率兵攻打楚国。可是，担任相国的管仲却坚决反对。他说："齐楚两国兵力相当，如果对楚国发动进攻，必定是两败俱伤，而咱们齐国刚刚恢复元气，千万不能轻举妄动，否则将会人财两空。"

齐桓公和大臣们觉得管仲的话很有道理，便暂时打消了对楚国发动进攻的念头，只待管仲拿出好主意来。

那时候，楚国盛产鹿，而齐国却视鹿为珍稀动物。一天，管仲派了100多名商人到楚国去买鹿，并四处扬言："齐桓公最喜欢鹿，无论多贵，都要大量购买，供齐桓公玩赏。"本来，楚国人对鹿并不感兴趣，一头鹿值不了几个钱，3枚铜钱便可买一头，过了两天便加价为5枚铜钱一头。管仲不断派人去买鹿，同时又不断加价，每头加至10枚、20枚……后来竟加到40枚、50枚。

楚成王听大臣说齐桓公不惜重金买鹿玩赏的事后，高兴极了。他想，齐国很快就要亡国了，因为10多年前卫国国王玩鹤而亡国，眼下齐桓公也会像他一样，玩鹿而亡国。楚成王便发号施令，鼓励大家去捕鹿，卖给齐商。

由于齐商重金买鹿，楚国的老百姓觉得一头鹿的钱竟能买到上万斤粮食，

便纷纷弃农捕鹿，田也没人种了。后来，连军队里的士兵也偷偷上山捕鹿卖钱。

一年之后，楚国的老百姓个个腰缠万贯，家里有的是铜币。可是，楚国的大片良田却荒芜了，颗粒无收，老百姓拿着钱却买不到粮食，这时，管仲又下令各诸侯国不得将粮食运往楚国。楚国的老百姓饿死的饿死、逃荒的逃荒，最后连军饷也没了，民心、军心一片混乱。

这时，管仲见时机已成熟，于是率领大军向楚国发动进攻。楚国内外交困，无力招架，楚成王连忙派大臣到齐国去求和。从此，楚国被齐国征服，齐国便称霸天下了。后来，人们把管仲的这种计谋称为"鹿之谋"。

知识链接

齐桓公与管仲

齐桓公（公元前685年—公元前643年在位），姓姜名小白，是春秋时期最先称霸的诸侯。他任命管仲（？—公元前645年）为相主持国政。管仲对齐国很多方面都进行了大刀阔斧的改革。在国内政治经济形势得到稳定和改善的基础上，管仲积极促使齐桓公采取"尊王攘夷（尊周王，抵御夷狄），争取邻国"的方针，以建立霸权。管仲的这些政策为齐国称霸准备了物质条件。

"孔夫子"

孔子姓孔名丘，生于公元前551年，是春秋时期鲁国人。人们尊称他"孔夫子"，简称"孔子"。他出生不久，父亲就去世了，家庭生活困难，但他刻苦好学，使自己的知识渐渐丰富起来，成为我国古代著名的思想家。他赞成社会改革，调和各种矛盾，提出"仁者爱人"的思想，周游列国，到处游说，创立了儒家学派。

孔子在我国首创私人讲学，是一位伟大的教育家。他从事教育几十年，收各国弟子3000人，其中精通礼、乐、射、御、书、

▲ 孔子

数六艺的就有 72 人。他的弟子多数来自贵族家庭，但也有出身于平民阶层，还有个别来自下层的人。

孔子认为，学生只有通过艰苦学习，才能获得知识；他提倡老老实实的学习态度，不能不懂装懂，也不要自以为是。他能根据学生的不同水平、不同特点，用不同的方法进行启发式的教学，鼓励学生独立思考。

孔子的许多至理名言，几千年来成为我们读书、做事、为人的重要准则，后人都尊称他为"圣人"。这些可贵的教育思想和教学经验，都是从他长期的教学实践中总结归纳出来的，不仅对我国，也对人类文化教育发展史作出了重大贡献，孔子值得我们永远纪念。

🔺 孔子行教像

🔺 杏坛讲学

弦高舍牛救国

公元前 628 年，晋国国君重耳刚刚去世，还没举行丧礼。这时，秦穆公估计郑国的盟友晋国无心插手，就想趁机攻打郑国。

秦国的军队由大将孟明视、西乞术、白乙丙三人率领，驾 300 辆兵车，偷偷地朝郑国开去，很快就进入了必经之地——滑国地带。

这天，郑国有个牛贩子弦高，

🔺 晋文公复国图卷（北宋）李唐

正赶着一群牛准备回家，半路上遇见一个从秦国回家的老乡，二人便闲聊起来。老乡闲聊之中，说出秦国发兵攻打郑国的事，并说，秦兵已进入滑国地带，很快就要向郑国进攻了。

弦高听了非常吃惊，他想：我是郑国人，秦军攻打郑国的事也许国君还不知道，怎能眼看自己的国家遭受外来侵犯呢？于是，弦高让老乡火速赶回报告国君，自己想办法先来对付秦军。

弦高先在街上买了一套华贵的衣服穿上，然后，从牛群中挑选了12头又肥又壮的牛，迎着秦军走去。

弦高走到滑国境内，果然看见秦军将士和几百辆兵车浩浩荡荡地开来，他不慌不忙地迎了上去，对秦军大将孟明视等三人说："臣受国君派遣，特地赶来求见。"

孟明视一听便愣住了，他想，这次对郑国发动的进攻，是突然袭击，可是半路上却遇上了郑国国君派遣的大臣求见，莫不是军机早已泄露了？这下子郑国早已有了防备，进攻的事就麻烦了。接着，弦高又对秦军大将说："我们国君听说将军要率兵来敝国，特地派臣送上12头肥牛，慰劳贵军，请收下这小小的一点心意吧！"

孟明视听了弦高的一番话，料想郑国已经知道秦国出兵的用心，肯定有所防备，便不敢轻举妄动，只得假惺惺地说："听说

▲ 晋贤图

郑国国君新亡，新国君即位不久，国内动荡不安，敝国国君特命我带兵来加强贵国的防卫力量，以免贵国遭到别国的侵犯。"

弦高听了，不甘示弱地说："我郑国乃是个小国，随时可能遭到大国的侵犯，不过，我们一贯加强防守，随时准备歼灭入侵之敌，请大将军放心吧！"说完便走了。

弦高走后，秦军果然不敢轻易对郑国发动进攻，只得顺便将弱小的滑国灭掉，回去向秦穆公交了差。

弦高在紧急关头，假冒郑国使臣救了郑国。回国后，国君亲自摆酒，给弦高庆功嘉奖，并封他为大将军，统帅上万人马。

《孙子兵法》

孙武

孙武，字长卿，齐国人，生卒年代不可考，大约活动于春秋末期。孙武出身贵族，后流亡到南方的吴国，结识了吴王阖闾的谋臣伍子胥。经伍子胥推荐，孙武带着所著的兵法进见吴王，得吴王的赏识，任为将。孙武曾以3万军队打败了楚国的20万大军，攻入楚国都城郢（今湖北江陵）。从此吴国强盛起来，北威齐晋，显名诸侯。孙武是先秦兵家的始祖，其所著的《孙子兵法》是极有影响的一部兵书。

《孙子兵法》是世界公认的现存最古老的军事理论著作，被誉为"兵经""兵学鼻祖"。比古希腊色诺芬的《长征记》、古罗马弗龙廷的《谋略例说》、韦格蒂乌斯的《军事简述》时间更早，更有学术价值。孙武的《孙子兵法》全文仅6000字，其战略思想却涵盖了和平时期的战略和战争时期的战略。如"不战而屈人之兵"的全胜战略，被西方一些人誉为"大战略"；"胜于易胜"指导战争全局的军事战略（正确的战略预见、广泛的战略侦察、巧妙的战略伪装、高明的战略指挥），可谓博大精深。

《孙子兵法》问世之后，以三国时曹操注解的《孙子兵法》为肇始，宋、明以来注家蜂起,总计不下130家。《孙子兵法》最早流传到日本。自8世纪以来,日本研究《孙子兵法》的著作大约有160种。

《孙子兵法》的西传,以法国神父约瑟夫·阿米欧于1772年在巴黎出版的法文译本为最早。从拿破仑开始,西欧战略家们对《孙子兵法》爱不释手。1905年,英国人卡托普将《孙子兵法》译为英文,在伦敦

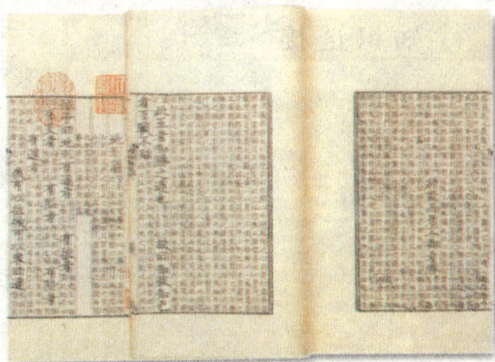

△《孙子兵法》书影

出版;1910年,布鲁诺·纳瓦拉将《孙子兵法》译为德文,名为《中国的武经》,在柏林出版。1973年,希伯来文的《孙子兵法》在耶路撒冷出版。《孙子兵法》驰名中外,百世流芳。

鱼肚藏剑夺王位

古时候,吴王寿梦有四个儿子,都很有才干,特别是最小的儿子季札,他最喜欢,便想将来让季札来继承王位。可是,兄弟四人和睦团结,季札无论如何也不肯答应。寿梦只得临死前立下遗嘱,死后王位先传给老大,老大传给老二,老二传给老三,老三传给老四,总之,王位必须先传给兄弟,不可传给儿子。

寿梦死了,根据他的遗愿,老大继承了王位。老大心想:"我要是活到老才死,王位才能传给老二,老二活到老才死,王位才能传给老三……到时候,他们不也老了吗?或许有的已经死了,还能当上国王吗?"于是,老大做了几年国王后便亲自带兵攻打楚国,战死在沙场,王位由老二来继承了。

老二做了国王以后,他的想法也跟老大一样,也学老大,带

△ 夫差矛

吴国的兴亡

吴在今江苏南部，土地肥沃，有渔盐之利，在中原诸国的影响下，社会经济逐渐繁荣起来。吴国相传是周太王的儿子太伯、仲雍建立的，建都于吴（江苏苏州）。公元前6世纪末，吴王阖闾执政，在楚国亡臣伍子胥和军事家孙武的协助下，发展了吴国的实力。前506年，吴与唐、蔡联军大举攻楚，楚军大败。吴军乘胜追击，五战五捷，攻下楚都郢（湖北江陵纪南城），楚昭王仓皇逃走。楚人面对强敌奋起反抗。同时，吴国内部也发生了贵族争夺权位的斗争，越国又趁机攻入吴都，造成吴国的后顾之忧。加之，楚大夫申包胥到秦求救，秦出兵救楚，最后吴军大败。从此，吴国国力大大削弱了。

兵打仗，战死在沙场，王位只得由老三来继承了。老三当了几年吴王之后，也想学老大、老二，将王位让给老四季札。可是，季札为人十分义气，宁死也不让老三这样去做，老三没办法，只得继续做国王。

公元前527年，老三得了重病，临死时，要季札继承王位，可季札一直没有做国王的念头，只得跑到深山里去隐居起来。这样，根据当时的继承法，王位就该由老大的儿子光继承。

老三死了，丧事还没办完，老大的儿子光还没来得及登基，哪知，老三的儿子僚串通一班大臣篡夺了王位。光十分气愤，一心想把王位夺回来。

光一心想杀堂弟僚夺回王位，可是找不到下手的机会，便找伍子胥商量，伍子胥又找来一位侠客专诸，三人一起商量对策。

吴王僚喜欢吃鱼。一天，光假意对僚说："我请来一位专烧大鱼的名厨师，明天请您一同品尝品尝这厨师烧的鱼怎样？"僚高兴地答应了。

第二天，吴王僚带上几十名卫士来到光家里吃饭，僚十分谨慎，每上一道菜，先让卫士检查一番，让卫士先尝一口，然后才端上去。待到煮鱼时，侠客专诸早已将一把锋利的匕首藏在鱼肚里。大鱼煮好后，专诸将鱼端了上来，僚闻到那鲜美的鱼味后，早已是垂涎三尺。突然，专诸从鱼肚里将匕首抽了出来，向僚胸口刺去，僚措手不及，连遭数刀，被杀死了。

接着，光带上士兵，直奔王宫，杀死了僚的一批大臣，占领了王宫。在士兵们的拥护下，光夺回了王位。

"卧薪尝胆" 的 由来

"卧薪尝胆"出自中国春秋末期越王勾践发愤图强、兴兵灭吴、报仇雪恨的故事。

吴国和越国是春秋后期在长江下游崛起的两个诸侯国。它们就像一座山头上的两只老虎，都想吃掉对方，争夺霸权，因而发生了多次战争，双方互有胜负。吴王阖闾在一次战斗中丧命。公元前494年，吴王夫差大举进攻越国，为战死的父亲阖闾报仇。双方在夫椒（今江苏太湖洞庭山）会战，吴军击败越军，并一直打进越国境内，包围了越都会稽。越王勾践只剩下5000名士兵，

无力反击，为了免于亡国，派人向吴王夫差请罪投降，表示他和夫人愿做吴王的臣仆和奴妾。夫差打败了越国，以为已为父亲报了仇，就骄傲起来，不听谋臣关于灭掉越国以除后患的建议，答应了勾践的请求。

勾践在吴国当臣仆三年，住囚室，服劳役，替吴王驾车养马，受尽屈辱。但是，他并没有气馁，而是发愤图强，立志报仇。据说，勾践

🔺 **吴王夫差鉴**

此鉴方唇束颈，腹下敛，平底。两侧为兽首耳，前后两面饰兽伏兽。腹饰浪花状变形蟠虺纹带。此器出自河南，当时河南为晋地。系吴亡后吴人奔晋时所带去的。

被释放回国后，他晚上睡在稻草上，把戈（兵器）当做枕头，并在房间里挂了一只苦胆，每天出入坐卧都要看看它，吃饭之前先要尝尝它的苦味。他还经常提醒自己："汝忘会稽之耻耶？"以此激励自己要报仇雪耻。勾践亲自下田耕种，夫人带头纺织，减轻赋税，鼓励发展生产。勾践还大力训练军队，培养士卒的斗志。

"十年生聚，十年教训"，越国积聚了雄厚的力量，终于转弱为强，灭掉了吴国。勾践成为春秋时期最后一位霸主。

越王勾践的宝剑

1965 年 12 月，我国考古学家在湖北省江陵望山的一座楚国贵族墓中发掘出两把宝剑，其中一把青铜宝剑上镌刻有"越王勾践，自作用剑"八个字，全长 55.6 厘米，可见，宝剑埋在地底下已经有两千多年了，

▲ 铜剑

为春秋兵器，1965年湖北江陵县出土，长60.6厘米，宽5厘米，此剑剑身满布菱形暗纹，剑谭上嵌有蓝色琉璃及绿松石。剑的表面经硫化处理，有一层黑色保护膜，铜剑至今光亮如新，剑锋寒气逼人。

但至今仍光洁如新，寒气逼人，毫无锈蚀之迹，剑刃锋利无比，曾以纸试之，二十余层纸一划而破。尤其令人惊奇的是，金黄色的剑身上布满漂亮的黑色菱形格子花纹，在剑身与剑把相连的剑格上，一边镶有绿松石，一边镶有蓝色琉璃，铸造得既精致又美观，堪称稀世珍宝。

两千多年前，我国古代的劳动人民就能铸造出这样好的宝剑，怎能不叫人叹服？

据复旦大学等单位的有关专家进行科学测定，越王勾践剑的主要成分是青铜。青铜是铜和锡的合金。纯铜和锡都是较软的金属，但把铜和锡以不同比例熔炼后，就能制得比铜

▲ 越王勾践宝剑的一部分

和锡性能更优
异的青铜合金。

△ 越王勾践的宝剑

当铜中掺
入锡制成青铜后,熔点可降低到900℃左右,易于熔炼和铸造。所以用青铜铸造时,能渗透膨胀到模型的各个细微角落,使铸件的轮廓清楚,线条优美。更重要的是,硬度与强度大大提高,耐磨性能也更好。

越王勾践剑为什么能经历两千多年而毫不锈蚀呢? 据测定, 宝剑曾经经过硫化处理,这样就大大提高了宝剑的防腐性能,剑刃精磨技艺水平可同现在精密磨床生产的产品相媲美,充分显示了我国古代铸剑工匠的高超技艺,他们在两千多年前就对金属的防锈技术有了一定的研究。

商鞅立杆,信赏必罚

商鞅是战国中期卫国人,姓公孙,名鞅。秦孝公时被封在商地,所以历史上称他为商鞅。

公元前361年,秦国的新君秦孝公即位,他为了把国家治理好,下决心发愤图强,网罗天下人才,就发布了一道命令,只要能想办法使秦国富强起来,不管他是秦国人还是别国的人,都封他做大官。

秦孝公的这一号召,吸引了不少有才干的人,在卫国并未

△ 商鞅见秦孝公

得到重用的商鞅来到秦国,通过宠臣景监见到了秦孝公。商鞅初次见秦孝公时,尽管他侃侃而谈,却未得到秦孝公的赏识。后来商鞅不断地进谏,才逐渐使秦孝公相信自己的学说,任他为左庶长,制定变法的命令。命令制定以后

尚未公布，商鞅怕老百姓不相信新法，就叫人在国都的南门外竖立了一根3丈长的木头，下命令说：谁能把这根木头移到北门去，就赏给他10两金子。一时间，城南门聚集了很多人，大家议论纷纷。老百姓大概不相信钱

▲ 商鞅立杆

会这么好赚，所以没有一个人来搬。

　　商鞅见无人敢搬，又说："能够搬移的，奖给他50两金子。"这时，人群中有一个人大概是抱着试试看的心理，把木头搬到了北门，商鞅马上赏给这个人50两金子，以表示不欺骗老百姓，取信于民。在取得群众的信任之后，商鞅便把新法公布了。

▲ 商鞅铜方升
　　铜方升是战国时期秦国商鞅监制的铜量器，该器铸有铭文，左壁刻："十八年，齐率卿大夫众来聘，冬十二月乙酉，大良造鞅，爰积十六尊（寸）五分尊（寸）壹为升"。铭文中的"十八年"是指秦孝公十八年（公元前344年）。此器不但有明确纪年，而且为商鞅监制，是中国度量衡史上不可多得的珍品。

　　这则故事一直被后世传为佳话，唐代著名文学家刘禹锡还以此为题材作诗颂扬过商鞅。商鞅以奖励农耕、富国强兵为基本政策的变法之所以会取得成效，与他主张立法要公平，强调"信赏必罚"，取信于民，很有关系。

在这方面，还有一件事值得一提。商鞅取消贵族"刑不上大夫"的特权，不论平民、贵族，有功则赏，有罪则罚。当时很多人都不相信。有一次，秦国的太子极力反对新法，犯了法，人们都拭目以待，看商鞅怎么办。商鞅对秦孝公说："国家的法令，人人都要遵守，如果上头的人不遵守而不受处罚的话，下面的人就对朝廷的人不信任了。太子犯法，他的师傅应当受罚。"于是，商鞅坚持"刑其傅公子虔，黥其师公孙贾"，即拿太子的师傅公子虔和公孙贾开刀，一个被割掉了鼻子，一个脸上被刺字。在那种情况下，已是很不容易了，正因为商鞅动了真，一些贵族、大臣都不敢反对新法了。因此，在他颁布变法措施后，"秦人皆趋令。行之十年，秦民大悦，道不拾遗，山无盗贼，家给人足。"

⬥ 商鞅石像

孟尝君宽厚待门客

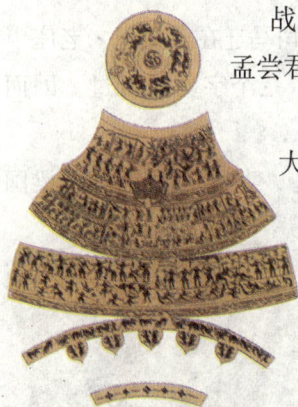

⬥ 宴乐铜壶拓片

战国时候，齐国相国孟尝君有门客3000人，其中一人与孟尝君的夫人有暧昧关系。

一天，孟尝君的好友对他说："门客与尊夫人相通是极大的不敬，应该把他杀了！"孟尝君考虑了一阵说："男女相见发生爱慕之心是人之常情，没有什么值得大惊小怪的，不要提它了。"

不久，孟尝君召见那位门客说："你与我相处很久，大官没有做成，封你为小官又委屈了你的才能。这样吧，卫国的君主与我是好友，我向他推荐，你到那里去做官吧！"于是孟尝君写了一封亲笔信，

战国钟片

又赠送了些车马、金银，让他走了。

门客到了卫国后，果然受到重用。不久，齐国和卫国的关系恶化，卫国国君想联合其他国家进攻齐国。那个门客对卫国国君说："孟尝君当年与你是好友，并订立世世代代互不侵犯的条约。今天卫要伐齐，是你违背盟约，欺骗了孟尝君，你不出兵伐齐则罢，你如出兵攻打齐国，我就死在你面前。"卫国国君只好取消了联合伐齐的打算。

孟尝君胸怀宽广没杀那位门客，终于转祸为福，将坏事变成好事。

庄子的诞生地——"蒙地"

庄子

庄子，名叫庄周，战国时期哲学家。相传楚威王听说他的大名后，曾经用重金聘请他为相，但他谢绝了。庄子的思想对后世产生了广泛而深远的影响，甚至在西方国家也不乏庄子信徒。

关于庄子的诞生地，由于司马迁在《史记·老庄申韩列传》中仅用"蒙人地"三个字匆匆带过，因而至今存有争议。

一种说法是梁国之"蒙"。战国时期，梁国东北部地区有个蒙县，旧址在今山东境内。《史记集解》、《史记索引》均在《老庄申韩列传》的"蒙"字下注"属梁国"。班固在《汉书·地理志》中曾说"蒙县属梁国"。

一种说法是宋国之"蒙"。战国时期，宋国故都商丘附近有一蒙泽，旁有蒙县，位于今河南商丘附近。郦道元《水经注》在汲水系蒙县下说"即庄周之本邑也"，意为蒙县是庄周原籍。汲水故道在今河南开封市东北，流经今商丘市北。显然，郦道元所说的"蒙"就是商丘附近的"蒙"，他认为庄周是宋人，后世持此观点的很多，如郭沫若、杨宽等。

▲ 庄子梦蝶图

屈原行吟沉江

战国末期，楚国和秦国交战，楚国屡战屡败，失地折兵，国力大大削弱了。

秦国为了及早吞并楚国，同楚国内部的亲秦派暗中勾结，玩弄了联姻的花招。秦昭王装出很客气的样子，写信给楚怀王，约楚怀王到武关会盟，只要答应两国联姻，就可言归于好。

楚怀王接到信后，既害怕秦国，又觉得秦人可亲，幻想秦楚亲善，打算赴约。这时屈原因遭人陷害，只是一个三闾大夫，久已失去顾问朝政的地位。他见怀王要去秦国，不得不挺身而出，谏阻怀王，说："秦国如虎狼一般，这次邀请大王，一定不怀好心，大王不宜前往。"

可是楚怀王的小儿子子兰怕激怒秦人，失掉亲善的机会，竭力怂恿楚怀王答应秦人的要求。

楚怀王听信了子兰的话，离楚赴秦。当楚怀王一进武关，秦国伏兵立即封锁了关口，断了楚怀王归国的后路，把楚怀王作为人质，要求楚国割让土地。楚怀王到这时方知秦人确是虎狼，他拒绝秦的要求，又冒险逃走，但仍旧落入秦人手中，后病死在秦国。

▲ 屈原

公元前 298 年，楚怀王之子顷襄王即位，其弟子兰为令尹，后又娶秦王女，媚敌忘仇，完全屈从于秦国。屈原与蔽君误国的亲秦派保守贵族集团的斗争更加激烈了。亲秦派为了彻底扫除障碍，便多次在顷襄王面前诬告屈原，说他的坏话，顷襄王听了勃然大怒，把屈原革职流放。

屈原在流放的日子里，穿着宽大的衣服，戴着高高的帽子，佩一把闪亮的长剑，终日在洞庭湖滨徘徊吟咏。虽然他形神憔悴，但那双锐利的眼睛，仍然炯炯有神，他忧虑着濒临灭亡的楚国，一边望着北方的国都——郢都，一边不断地吟咏出感情炽烈的诗句，歌颂楚国美

好的河山与悠久的历史，揭露贵族统治集团的污浊与黑暗，担忧楚国的命运，倾吐心中的不平。

一天，面色憔悴、形容枯槁的屈原，漫无目的地来到汨罗江畔，悲怆地吟咏着诗句，用以抒发他忧国忧民之情。

屈原流放到这里，是家喻户晓的事了，不少人都认识他。

这时，江边有一个渔夫，见到屈原便说："您不就是朝廷的三闾大

夫吗？怎么落到这种地步呢？"

屈原愤愤不平地说："因为举世都混浊，只有我才清白，大家都喝醉了酒，唯有我才清醒，我就被流放到这儿来了。"

渔夫不以为然地说："既然举世都混浊，你为什么不顺着浊流而推波助澜呢？大家都喝醉了酒，那你何以独自清醒呢？世道既已如此，何必一人与众不同而致使自己被放逐呢？"

听到这里，屈原的脸色沉下来，反对说："我听说过，刚刚洗过头的人，要弹去帽子上的灰尘；刚刚洗过澡的人，一定要把衣服抖抖。我宁愿投入大江，葬身鱼腹，也绝不容忍那混浊的世道污染了自己。"

屈原说完，昂首而去。他回到自己的破屋里，写下他的绝命词《怀沙》。然后来到汨罗江边，抱着一块大石头，再一次地向郢都的方向凝望着，然后向激流中跳去。

伟大的爱国诗人屈原，就这样结束了他光辉的一生，这天，是公元前278年农历五月初五。

▲ 错金鄂君启铜节

战国时期楚国的水陆交通运输凭证；1957年在安徽省寿县城东丘家花园出土。铜节分舟节和车节两种，用时双方各持一半，合节验证无讹（é）才发生效力。舟节（右上）长30.9厘米，宽7.1厘米，厚0.6厘米，有错金铭文9行165字；车节（左上）长29.6厘米，宽7.3厘米，厚0.7厘米，有错金铭文150字。铭文记载了公元前323年，楚怀王发给鄂君启舟节和车节的过程，并详细规定了鄂君启水路、陆路交通运输的路线、运载额、运输种类和纳税情况，是研究战国时楚国交通、地理和商业赋税制度的珍贵资料。

荆轲刺秦王

战国末期，秦国妄图吞并诸国，称霸天下。

秦王派大将王翦灭掉赵国以后，又继续向北进军，攻打燕国。燕国是个弱小的国家，敌不过强大的秦国。当时，燕国的太子丹眼看自己的国家遭受秦国的侵略，心里非常着急。于是，他物色了一位很有本领的勇士荆轲，让他以燕国使者的身份去见秦王，想办法刺杀秦王。

荆轲接到命令后，对太子丹说："要想刺杀秦王，得先挨近秦王身边，让他相信我是去求和的才行。"太子丹一时想不出好主意来，问道："勇士有何高见？请讲！"荆轲说："听说秦王早就想得到燕国最富饶的土地督亢（kàng）（今河北涿县一带），我要是带着督亢地图，另外再带上秦王正悬赏通缉流亡在燕国的大将军樊（fán）於（wū）期的头颅，去献给秦王，他一定很喜欢，也许能会见我的。"太子丹一听，觉得主意很不错。于是，便按照荆轲的办法去做了。

公元前227年，荆轲和他的副手秦舞阳带上督亢地图和樊於期的头颅，作为燕国的使臣来到咸阳，觐（jìn）见秦王。

🔺 秦始皇

秦王听说燕国使者要献上督亢地图和樊於期的头颅，高兴得眉飞色舞，在咸阳宫举行隆重的仪式接见荆轲。

这一天，荆轲捧着装有樊於期头颅的盒子，秦舞阳捧着督亢地图，一步一步地朝堂上走去。秦舞阳见两边站满了文武百官，那威严的样子，让他不由得害怕起来，浑身颤抖着。秦王的左右大臣一见秦舞阳那副模样，吆喝了一声："使者为何脸变了色？"

🔺 秦始皇陵

荆轲回头一看，见秦舞阳脸色苍白，怕露出破绽来，连忙对秦王说："大王，他是个粗鲁之人，从没见过这样大的世面和大王的威严，免不了有点害怕，请大王莫见怪。"

秦王开始起了戒心，便命秦舞阳退下，将地图交给荆轲，让他一个人上来。

荆轲上了堂，献上地图和木匣。秦王叫荆轲打开木匣一看，果然是樊於期的头颅。接着又叫荆轲打开地图，一个地方一个地方地指给他看。

等到地图全部打开后，荆轲预先卷在地图里的匕首就露出来了。秦王一见，吓得跳了起来。

荆轲连忙抓起匕首，左手拉住秦王的袖子，将匕首朝秦王胸口刺去。

秦王使劲一转身，袖子被割断了，他绕过屏风，想朝外跑，荆轲拿着匕首又追了上来，秦王知道跑不了，便绕着朝堂上的铜柱打转，躲避荆轲。

△ 兵马俑

两边的文武百官知道出了事，但手无寸铁。而台阶下的武士虽有兵器在手，但按秦国的规矩，没有命令不准上殿。这时，秦王虽然腰佩宝剑，可连拔剑的工夫都没有，只顾奔跑躲避。

在这紧急关头，大殿上一名伺候秦王的随身医生急中生智，抓起装药的罐子，朝荆轲扔去，荆轲手一挥，药罐摔了个粉碎。

就在这一刹那，秦王拔出了宝剑，一剑就砍断了荆轲的左腿。荆轲倒在地上，将手里的匕首朝秦王扔去，秦王将身子一闪，那匕首从他腮边飞过，打在铜柱上，直冒火星。

秦王见荆轲手里没有了武器，又倒在地上，便上前向荆轲连砍几剑，杀了荆轲。台下的秦舞阳也早已被武士们杀了。

秦始皇焚书坑儒

焚书坑儒是秦始皇统一六国后为统治人民的思想文化而采取的重大措施。

战国时期，由于社会关系发生激烈变动，学术界呈现出一种学派林立、百家争鸣的新气象。到了战国末年，诸国分裂归于统一；与之相应，思想文化也出现了力求兼收并蓄、熔各家学说于一炉的趋势。秦始皇统一六国之后，运用封建国家的权力，强制推行思想文化的统治政策。焚书坑儒就是在这样的历史背景下发生的。

秦朝确立了中央集权的封建行政体制后，一些儒生和游士针对时政，引证《诗》《书》和诸子百家的话，以古非今，"入则心非，出则巷议"。秦始皇34年（公元前212年），丞相李斯为杜绝"诸生不师今而学古，以非当世，惑乱黔（qián）首"的现象，提出"焚书"的建议，得到秦始皇的认可。当时所焚之书包括两部分：一是统一前的列国史记，二是百姓私藏的《诗》《书》和百家言论；至于秦国的史书、博士官收藏的图书和百姓家藏的医药、卜筮、种树等技艺之书，则不在此列。所禁书籍都必须在30天之内上交地方官府焚毁。

秦坑儒谷

焚书的次年，又发生了坑儒事件。秦始皇晚年为求长生不老，寄希望于方士寻觅仙药，因此，方士侯生、卢生等很受宠幸。后来，侯生、卢生无法继续行骗，便以始皇贪于权势、不可为求仙药为由，相约逃亡。秦始皇闻讯大怒，认为方士、儒生多以妖言惑乱黔首，于是下令御史案问诸生。受株连的方士、儒生达460余人，最后都被活埋于咸阳。

坑儒的事件发生之后，连秦始皇的长子扶苏也觉得过于残忍，就对秦始皇说："天下初定，百姓尚不得安宁，这样做恐怕会引起骚动。"秦始皇听了，反而把扶苏贬到上郡去监督蒙恬的军队。坑儒激起了儒生的普遍反抗。

指鹿为马

公元前208年，赵高掌握了朝政大权，利用秦二世胡亥杀死丞相李斯，自己当上了丞相。从此，赵高更加野心勃勃，妄图篡夺皇位。

赵高做了丞相，把持着朝廷大权，他专横跋扈，专干不得人心的事，朝中大大小小的官员都对他很不满，然而他大权在手，官员们虽对他恨之入骨，但却敢怒不敢言。

一天，赵高闷闷不乐，正在梦想篡（cuàn）权做皇帝，可篡夺皇位是件很不容易的事，即使当上了皇帝，朝中文武百官会顺从吗？经过一番苦思，赵高终于想出一条奸计来。

一次，赵高趁胡亥正在上朝时，牵着一头鹿来到殿上，故意对胡亥说："皇上，臣献给你一匹好马。"胡亥一见笑着说："你错了，这是一头鹿，怎说是一匹马呢？"赵高把脸一沉，然后奸笑了一声说道："皇上，这是一匹马，不信你问左右群臣！"在场的文武百官都默不作声，生怕说出实话来得罪了赵高，要遭杀身之祸。

过了好一会儿都没有人作声，赵高有点耐不住了，他为了在皇上和众大臣面前显示自己的权势，点出几个亲信来回答，都一致说是马。这时，有几个官员实在忍不住了，纷纷指责赵高丧心病狂、颠倒黑白的行为，他们说："这明明是一头鹿，怎么能说成是一匹马呢？"可是，退朝后，这几个说鹿的官员，一个个都被赵高杀害了。从此以后，朝廷中再也没有人敢说实话了。

不久，赵高迫不及待地要篡夺皇位，便派人去刺杀胡亥。胡亥连忙下令左右保驾，可是，大臣们都躲在一边，不敢上前，仅有一人跟在胡亥身边。胡亥对这个大臣说："赵高的阴谋你为何不及早告诉我，不然我也不会是这样的结局。"大臣说："要是早告诉你，我不是早被赵高杀了吗？哪能活到现在呢？"

赵高指鹿为马，欺君欺臣，真是荒谬绝伦、飞扬跋扈（hù）到了极点。

揭竿而起

公元前 210 年，秦始皇东巡病死在路上，奸臣赵高密谋策划，假传秦始皇的遗诏，让胡亥继承皇位，史称秦二世。

胡亥虽然当上了皇帝，可是，大权实际上操纵在赵高手里，赵高为人阴险

● 秦半两钱

秦始皇统一六国后，统一货币，以黄金（金饼）为上币，以铜质圆形方孔钱为下币，通行全国，同时废除了六国旧币。

毒辣，专横跋扈，搅得全国上下怨声载道，对他恨之入骨。

公元前209年，一批900多人的壮丁队伍被押送到渔阳（今北京密云西南）去防守，当队伍走到大泽乡（今安徽宿县东南）时，遇上连绵大雨，没法前进，只好暂时驻扎下来。此前众人推举陈胜、吴广二人担任屯长职务，带领这支队伍。

雨越下越大，道路和桥梁被大雨冲毁，队伍不能前进。当时法令很严，戍边的队伍不能如期赶到渔阳，就要被杀头。夜里，陈胜跟吴广商量："眼看限期内赶不到渔阳，难道一个个白白地去送死吗？"二人商量了一番，决定举兵起义。为了号召大家，他们利用当时大多数人都迷信鬼神的特点，想出一条计策。

第二天，他们找来一块白绸布，用朱砂在上面写上"陈胜王"三个大字，塞在一条鱼肚里，让兵士买回来。兵士剖开鱼，发现这绸布上面的字，都感到十分惊奇。半夜里，吴广又来到附近的神庙里，点起一堆火，装着狐狸的叫声喊："大楚兴，陈胜王，大楚兴，陈胜王。"兵士们都听得又惊又怕。

天一亮，大伙儿都对昨晚发生的事议论纷纷，见陈胜来了，一个个都对他显露出敬畏的神色。

有一天，两个押送队伍的军官喝得酩酊大醉，吴广故意散布逃走的言论，煽动大家散伙回家，两个军官听到了，把吴广打了一顿，还拔出宝剑要杀吴广，吴广夺过宝剑朝

● 秦直道鬼门口

两个军官砍去，此刻，陈胜也赶来了，一齐将两个军官砍死。

这时，陈胜和吴广趁机号召大家说："大丈夫岂能白白去送死呢？王侯将相难道是命中注定的吗？"

在陈胜、吴广的号召之下，大伙儿齐声高喊："对！我们听您的！"

于是，陈胜吩咐弟兄们搭了个大台，又做了面大旗，

府谷县秦长城烽火台

旗上写了个大大的"楚"字，大伙儿一齐跪下，对天起誓，齐心合力，推翻秦朝。随后，大家一齐推举陈胜、吴广为首领，拿起武器，首先占领了大泽乡一带。接着，附近的老百姓也纷纷拿起铁锹、锄头支援他们，参加了起义军队伍。

起义军队伍壮大了，没有刀枪和旗子，他们就砍下树枝做刀枪，削了竹枝做旗杆。历史上称这件事为"揭竿而起"。

西汉开国皇帝——刘邦

西汉开国皇帝刘邦（公元前256年—公元前195年），原名季，又叫"刘老三"。做皇帝后，改名刘邦。他祖籍泗水郡沛县丰邑（今江苏沛县）。父亲刘太公是个地道的农民，母亲刘媪也只是个家庭主妇。刘太公一直不喜欢刘邦，认为他整日游手好闲，好吃懒做，不务正业，是个不成器的家伙。刘邦对父亲也很不满，因此父子关系一直不好。后来项羽以杀刘太公威胁刘邦时，刘邦全然不顾父子之情，并要求项羽分一碗刘太公的肉羹给他，由此可窥见一斑。后来，刘邦做了皇帝，也常用当年刘太公讥讽他的话来嘲笑太公，使其难堪。尽管刘邦出身寒门，而且家乡人多看不起他，但他却自幼胸怀锦绣，壮志凌云，一心想成为一代伟人，建

立像秦始皇一样的功业。30岁后，刘邦当了秦朝沛县的乡村小吏泗水亭长（相当于现在村治安主任）。

他多次到咸阳服役，看到秦始皇的出巡场面，叹息道："嗟乎！大丈夫当如是也！"非常羡慕封建帝王的威仪。

秦末，秦始皇施暴政于天下，天下人心思叛，整个社会处于一种危机状态之中。刘邦率逃役农民，隐居芒、砀（今安徽砀山东南）。

⚫ 刘邦

公元前209年，陈胜、吴广起义，刘邦与沛县的牢头萧何等人里应外合，杀了沛县县令，起兵响应，转战丰、沛，被立为沛公。次年，他约法三章，率兵西进，纪律严明，所过之地秋毫无犯。公元前206年，他率先入关（此处的"关"指函谷关，位于河南省灵宝市东北，是进入关中的战略要地），推翻了秦朝。接着，项羽入关，刘邦在鸿门宴上委曲求全。项羽自称西楚霸王，分封了18个王国。刘邦被封为汉王，占有巴蜀（今四川和重庆）和汉中。这年8月，刘邦明修栈道，暗度陈仓（今陕西宝鸡东），还定关中，出关与项羽展开了历时4年的楚汉战争，大战70次，小战40次。公元前202年，刘邦在垓下（今安徽灵壁西）与项羽决战，最后项羽在乌江自刎。这年2月，刘邦即皇帝位，定都洛阳（后迁长安），创立了汉朝，史称西汉或前汉。

西楚霸王项羽

项羽，下相（今江苏宿迁西南）人，名籍，字羽。他的祖父项燕是战国末

年楚国名将，为秦将王翦（jiǎn）所杀；他的叔父项梁因为杀了人，与他躲避到吴中一带。当地逢有大徭役和丧事，项梁经常主持其事，暗中以兵法组织训练宾客和子弟。

项羽力能扛鼎，少年时学习诗书和剑术，都无所成，项梁很生气，可项羽却说："书足以记名姓而已。剑一人敌，不足学，学万人敌。"项梁教他兵法，他略知大意，又不肯学了。但项羽豪气过人，秦始皇东游会稽时，他在路旁观看，曾对项梁说："彼可取而代之。"

秦二世元年（公元前209年），陈胜、吴广在大泽乡领导反秦起义，建立张楚政权。原六国贵族闻讯后也纷纷起兵，同年6月，项梁召集起义将领计议后，立楚怀王的孙子心为王，仍称楚怀王。项梁自号武信君。之后，项梁率义军大破秦军于东河。不久，由于项梁骄傲轻敌，被秦将章邯乘隙袭破，项梁阵亡。怀王即命项羽为上将军，统率全军救赵。项羽派当阳君、蒲将军率兵两万迅速渡过漳河，以解巨鹿之围；随即亲自率全军渡河，破釜沉舟，进击秦军。双方经9次激战，楚兵大破秦军，秦将王离被俘，涉间自杀。当楚军救赵时，诸侯军皆作壁上观。战事结束后，诸侯来谒见项羽，都膝行而前，不敢仰视他。从此，各路诸侯军都听从项羽指挥。接着，项羽在汉水上又大破秦军，并利用秦统治集团内部矛盾招降章邯。他怕秦降卒不服，在新安城南将降卒20万全部坑杀。

当项羽率军进入关中时，刘邦已先期进据咸阳。由于楚怀王有约在先，

"先入关者王"，刘邦理应称王关中。项羽入关后，依恃手中 40 万大军，企图消灭刘邦，独霸天下，因刘邦卑辞言和，双方暂时和解。项羽随即引兵屠杀咸阳城，诛秦降王子婴，火烧秦宫室，掳掠宝货和美女东归，让秦地人民大失所望。

汉元年（公元前 206 年），项羽立怀王为义帝，又分封诸侯，自立为西楚霸王，据有梁、楚地九郡，封刘邦为汉王。不久，田荣、陈余、彭越等相继举兵反楚。刘邦也乘势进逼，于是爆发了历时 4 年多的楚汉战争。

漂母分食待韩信

▲ 韩信

韩信出生于淮阴，小时候家里很穷，但他酷爱读书习武，不但才华出众，而且武艺高强。

韩信年少时父母相继去世，无依无靠，生活十分贫困。由于他平日只知读书练武，缺乏挣钱生活的本领，只得投靠一个远亲的亭长，一直在他家吃住。

韩信一连在亭长家吃了几个月的"白饭"，亭长的老婆是个心眼小的人，她非常凶恶，容不得韩信，动不动就开口辱骂。韩信血气方刚，不能忍受这种欺侮，便愤然离去。

受于生活所迫，韩信只得每天来到淮水河畔捕鱼捉虾，拿到集市上去卖，然后换点油米回来度日，每逢刮风下雨，天寒地冻，韩信捕不到鱼虾，只好饿着肚子，生活十分艰辛。

韩信在淮水边捕鱼捉虾谋生，常常看到有位老奶奶在河边漂洗纱絮，人们都称她"漂母"。漂母每天看见韩信饿得有气无力，很怜悯他，就将自己的饭分一半给韩信吃，韩信遇上了这位善良的老人，心里万分感激。

一天，韩信与老人一同吃饭，韩信说："您老人家这样待我，这恩情我终生不忘，倘若日后有出人头地之日，韩信一定好好报答您！"老奶奶听了这番话后十分生气，她说："我是可怜你，才给你饭吃的，谁指望你以后的报答？不过，像你这样的男子汉连自己都不能养活，真没出息！"韩信听了老人的责怪，羞愧万分，丢下手中的饭碗，头也不回地走了。随后，韩信便投奔项梁。

韩信投奔项梁后，在楚宫中当了个小兵。项梁死后，项羽当上了楚王，项羽见韩信作战勇猛顽强，便封他做了个小官。

▲ 韩信侯钓台

韩信胸怀韬略，腹隐机谋，他善于用兵，打起仗来有勇有谋，百战百胜，可是却得不到项羽的重用。楚汉相争时，韩信又改弦易辙，投奔汉王刘邦，他辅佐刘邦，打败项羽，为汉王朝一统天下立下了汗马功劳，刘邦封韩信为"淮阴侯"。

韩信被封为"淮阴侯"后，一直不忘漂母的分食之恩，他派人打听到漂母的下落后，亲自带上礼品和千金来到漂母家，报答漂母当年的大恩大德。

▲ 韩信石像

苏武持节牧羊

西汉前期，朝廷一直采取和亲政策，对匈奴忍让，企图换取边境的暂时安宁。可是匈奴却愈加骄横，连年入侵边郡，抢掠人口牲畜。汉武帝时，多次取得了抗击匈奴的胜利之后，便想通过互派使臣来修好结盟。公元前100年，汉武帝派遣中郎苏武持节，出使匈奴。不料苏武到匈奴后，单于变卦，将苏武囚禁并软硬兼施劝降。苏武不怕杀头威胁，不受高官厚禄的利诱，为了维护汉朝的尊严，誓死不叛汉，表现了崇高的气节和操守。苏武在被扣留的19年中，受尽了非人的磨难，在被遣送到北海旷无人烟的地方放牧的日子里，苏武忍饥挨饿，唯一和他做伴的是那根代表朝廷的旄（máo）节。

那么，苏武手中的"节"是何物呢？"节"，汉时用竹制成，柄长8尺，"节"上缀牦牛尾，故称"旄节"。当年苏武所持的"节"，是皇帝亲授，表示持有者是皇帝的正宗代表。对使臣来说，他所持的"节"，就是国家的象征，人在"节"在，这是苏武在异国被扣19年，"汉节"不离手的精神支柱。由于苏武拄着旄节放牧羊群，无论睡眠或起身都拿着汉节，节上的穗子都脱落光了。当他19年后终于回到长安的时候，人们看到白胡须、白头发的苏武手里拿着光杆子的旄节，没有一个不深受感动的，都说他真是大丈夫。

正因为古时的使臣以"节"作为国家代表的信物，近代持"国书"赴任的全权大使、公使，也被世人称为外交使节。

苏武牧羊

汉朝出使匈奴的使臣苏武，被匈奴扣留19年，每天在草原上牧羊。图为明万历刻《大备对宗》上所绘《苏武牧羊图》，苏武所持汉节，是汉代出使时所持的信物。

《苏武牧羊》任伯年绘

司马迁的后代不姓司马

在陕西省韩城县的徐村，居住着许多姓同或姓冯的人家。每逢清明时节，他们便怀着虔诚敬佩之情，成群结队地来到太史公祠，为先祖司马迁祭祀扫墓。为什么这些司马迁的后代不姓司马呢？

司马迁因"李陵事件"惨受宫刑，悲痛欲绝。为了完成先父的遗愿，为后人留下一部信史，他忍辱负重，在困厄潦倒之中发愤著书，终于完成了不朽的史学巨著《史记》。因《史记》对史实据实记录，在称赞汉武帝功德的同时，也斥责了汉武帝"内多欲而外施仁义"，汉武帝对此勃然大怒，将《史记》手稿付之一炬。

司马迁有一位叫任安的好友，因"戾太子事件"被斩。狱吏在搜查其遗物时发现了一封司马迁写给任安的书信，信中说，他之所以在蒙受了奇耻大辱之后还顽强地活下来，就是为了完成《史记》的著述。汉武帝见信后大怒，加上一伙对司马迁极为不满的宠臣的谗言，司马迁遭受迫害，不久死去。

▲ 司马迁与《史记》

司马迁（公元前135—前93年？）字子长，夏阳（今陕西韩城）人。父司马谈，武帝时，为太史令，学识渊博。司马迁自幼聪慧，十岁开始诵习古文。二十岁时周游各地，了解了各地的一些风尚习俗和民间传说，接触过社会各个方面的人物。继父任太史令后，得以博览史官所藏图书。《史记》的撰述，开始于武帝太初元年（前104年），用了近十年的时间撰成。全书上起黄帝，下迄"当代"（武帝时），以人物传记为主，辅之以编年体和纪事本末体，体例严整，内容丰富，是我国古代第一部纪传体通史，为此后两千年间的正史编纂创立了规范。全书分为十二本纪、十表、八书、三十世家、七十列传，共一百三十卷，五十二万六千五百字。

据传说，悲痛中的司马迁夫人为了保住《史记》副稿，免遭满门抄斩之祸，便让两个儿子身藏《史记》副稿，逃回故乡韩城。临行时，司马迁夫人手牵孩儿，泪流满面地嘱咐说："儿呀，你们一路小心，快快逃回家乡，将父亲的著述深藏龙门山中，好实现你们父亲的遗愿，留信史于后人。临儿，从今以后，你将司字左边加一竖，改为姓同；观儿，你给马字左边加上两点，改为姓冯。你们要尊兄爱弟，隐居龙门山中，好让我们司马氏一家留有后人。"从此以后，司马迁的子孙后代就一直姓同、姓冯。

"一代医圣"——张仲景

东汉时期的名医张仲景，是我国古代医药史上最杰出的人物之一，被后人称为"医圣"。张仲景（约公元150年—219年），东汉南阳郡（今河南南阳）人。当时政治腐败，军阀混战不休，瘟疫流行，张仲景全族200余人，竟有百余人死于伤寒。这种残酷的打击使张仲景改变了从政的志向，他毅然辞去长沙太守的官职，追随名医，刻苦学习。

当时，伤寒病是流行最广的一种疾病。一旦染上这种疾病，存活的希望非常渺茫。张仲景在吸取前人宝贵遗产的基础上，不断搜集民间各种药方，加以整理、比较，再通过临床检验，完

△ 张仲景石像

成了16卷巨著《伤寒杂病论》的创作。在这部书中，他用唯物主义的观点解释了伤寒病产生的原因，他认为一切外感病都可以称为伤寒病，而伤寒病又归为几种类型，要通过"望、闻、问、切"的四种诊断方式对病的特征、程度作出诊断，然后采取"随症治疗"的原则，即针对不同的病情采取不同的治疗原则。

他经过长时间的实践，创立了汗、吐、下、和、温、坠、补、消8种治疗方法，为中医学奠定了基础。

张仲景还精心研究药学，被后人称为方剂学之祖。他在前人处方的基础上能够大胆创新，改进药物剂型、扩大药物使用范围，除了传统的汤药外，还制成丸、散、膏、栓、酒、熏等剂，使中药类型多样化，使我国传统医药学达到前所未有的水平。张仲景还提出"治未病"，即

△ 河南南阳市张仲景祠

防病于先的医学思想。他强调加强锻炼，注意饮食卫生、保持良好的生活习惯就能预防疾病。而一旦生病，应立即诊治。

张仲景的医学实践和理论，是中国古代医学史上的里程碑。他的《伤寒杂病论》是一部理、法、方、药兼备的医学名著，在中国

南阳张仲景博物馆

医药学史上占有特殊地位，不仅至今对医学发展仍有重大意义，而且对世界医药学特别是周边国家医药学发展产生了重大影响，为中国传统医药学在世界医药学界争得了荣誉。

文姬归汉

"文姬归汉"是中国历史上很有名的一个故事。这一故事被拍成了精彩的电影，改编出了戏剧，有的画家还以此为题，将故事情节画在了纸上。那么，"文姬归汉"为何如此有名？它讲述的又是什么历史故事呢？

文姬归汉图(部分)

"文姬归汉"讲的是一个名叫蔡文姬的女子，回归故国汉朝的令人伤感的故事。

蔡文姬生活在距今约1800年的东汉末年，是中国历史上有名的才女。蔡文姬出生在一个很幸福的家庭，她的父亲蔡邕（yōng）是当时有名的大学者。受父亲的影响，蔡文姬从小就开始读书、学习音乐。长大后，蔡文姬不仅能够写很精彩的诗歌，而且还精通音乐。

东汉末年，社会秩序非常混乱，中华大地上到处都在打仗。人民生活在这样兵荒马乱的年代中，不仅生活艰难，而且时时面临着家破人亡的悲惨命运。

而这种不幸的命运也降临在了蔡文姬的身上。有一天，蔡文姬家被乱军洗劫，家中的人都被无情地杀害了。目睹家人的惨状，文姬悲痛欲绝，可她能有什么办法呢？因为此时，她正被乱军捆绑着，等待她的还不知是怎样的命运呢！

由于年轻貌美，文姬没有被杀，而是被乱军劫持着，带到了很遥远、很荒凉的北方。当时，北方没有汉族人定居，生活在那里的是被称为匈奴的少数民族。匈奴人靠游牧为生，他们无论在生活上还是在文化上，都比汉族落后很多。

蔡文姬被迫嫁给了一个匈奴人为妻，并生了两个孩子。虽然，蔡文姬每天听的都是匈奴语，穿的也是匈奴服装，可她的心里，却没有一刻不思念遥远的故乡。

蔡文姬在匈奴生活了整整12年。

在这12年里，东汉的战乱已被曹操平息了。曹操和蔡文姬的父亲曾经是朋友。听说了蔡文姬的悲惨遭遇后，就命人带着贵重的金璧来到匈奴，将蔡文姬赎回，使她重返故乡——汉朝。

在回汉朝的路途中，蔡文姬既欢喜又悲伤。她欢喜的是终于能回到久别的故乡了，而她悲伤的是不得不与自己的两个孩子永别。

蔡文姬虽然回到了汉朝，可她心灵经受的苦难和创伤，又怎么能完全消失呢？于是，文姬就把自己的遭遇，写成了一首名为《胡笳十八拍》的诗歌。这是一首非常感人的诗歌，世代流传！

曹操献刀

魏太祖曹操

曹操，字孟德，小名阿瞒，谯（qiáo）（今安徽亳县）人。三国时期的政治家、军事家、诗人。

东汉末年，董卓任西凉刺史，统率20万大军，他专断朝政，利用朝中宦官争权夺利之机，率兵攻陷京城洛阳，废少帝刘辩，立献帝刘协，自封为相国。

董卓率兵攻陷洛阳后，烧杀抢掠，无恶不作，纵火焚烧洛阳城周围数百里，朝廷中不少官员见他残暴专横，一个个恨之入骨，千方百计想杀董卓，为民除害。

曹操为人刚毅、足智多谋，早就想除掉董卓这个祸患，然而，找不到下手的机会。曹操便假意投靠董卓，处处对他阿谀奉承，骗取了董卓的信任，常常在董卓身边进出自如，董卓对他未生疑窦（dòu）。

一天，曹操将一把七星宝刀藏在身边，来到相国府准备行刺。他直奔后院，来到董卓的寝室，探头一望，只见董卓那肥胖的身体，面朝里、背朝外地侧卧在床上，其义子吕布站在床边侍候着他。曹操如同往常一样，大模大样地进了门，开口便说："董相国早安。"

董卓见曹操来了，也没转身，问道："孟德，今日为何姗姗来迟？"曹操答道："相国大人，属下所骑之马不好，行走不快，故而来迟了。"董卓听了便命令吕布去选一匹好马送给曹操。

吕布走后，曹操走近董卓身边，一边假献殷勤，一边伺机行刺，几次想拔出刀来，又怕董卓力大，

曹操石像

知识链接

曹操统一北方

在东汉末年的军阀混战中，曹操是当时最具远见的一个人物。为了取得政治上的优势，公元196年他带兵把逃亡在外的汉献帝迎接到许（今河南许昌），"挟天子以令诸侯"，三次发布"唯才是举"的求贤令，招揽了大批文臣武将。他极力发展农业生产，公元196年开始屯田，保证了军粮的供应，强兵足食是他统一北方的经济基础。公元197年曹操消灭了割据江淮的袁术，第二年又擒吕布，攻占徐州，势力已及兖、豫、扬、徐四州之地。

袁绍割据青、冀、并、幽四州，是当时最大的军阀，他为了统一北方，公元200年率军南下，企图一举消灭曹操。两军相持于官渡（河南中牟东北），10月决战，曹操歼灭了袁军主力，官渡之战是我国历史上以弱胜强的著名战例，奠定了曹操统一北方的军事基础。

袁绍死后，曹操消灭了袁氏势力，兼并了青、冀、并、幽四州。公元207年又平定了乌桓，基本上统一了北方。

将手缩了回去，不敢轻易下手，只得在屋里转来转去。

曹操找不到下手的机会，坐立不安，心想：此贼今日不除，更待何时呢？他鼓足勇气再次拔刀时，岂料，董卓从衣镜中看到曹操正在拔刀，急忙转过身来问道："孟德，你想干什么？"曹操知道事情已败露，他假装镇静，跪在地上不慌不忙地说："相国大人，属下有宝刀一把，想献给大人。"董卓见曹操献上宝刀，也不再疑惑，接过宝刀一看，只见宝刀一尺有余，珠宝镶嵌，锋利无比，连声说道："好刀，好刀，果然是一把宝刀。"便收下了。

这时，吕布牵着一匹好马回来了，董卓连忙下床，领曹操出门看马。曹操看了马后，向董卓一拜说道："谢相国大人恩赐，请让属下试骑一趟。"董卓让吕布扶曹操上了马，只见曹操扬鞭跃马走出相府，直奔东南而去。

曹操刚走不远，董卓想起宝刀的事

▲ 坞壁图
三国两晋时期，天下大乱，许多地方豪强自筑堡垒，以保护自己和宗族的生命财产安全。

顿时醒悟过来，立即命手下去捉拿曹操，可是，曹操凭借骏马奔驰，早已逃得无踪无影了。

华佗

🔺 华佗

我国的中医历史悠久，东汉末年的华佗就是古代一位杰出的医学家。他从小勤奋好学，学识渊博，特别爱好医学，精通内科、外科、妇产科、小儿科，尤其擅长做外科手术。华佗在民间行医，走遍了现在的江苏、山东、河南、安徽的许多地方，采用号脉和观察面容的方法诊断了很多危重病人，留下了许多医术高超、妙手回春的生动故事。

除了在内科诊断上有高明的医术，华佗更大的贡献是在外科手术方面，他首创用全身麻醉的方法做外科手术。为了消除和减轻病人在做手术时的痛苦，他发明了名为"麻沸散"的麻醉剂，做手术前让病人用酒冲服，等病人失去知觉后进行治疗，若是肿瘤就立即割去，若是病在肠胃，就断肠洗刷，然后缝合伤口，敷

🔺 华佗石像

上药膏，四五天后开刀处即可愈合，再过一个多月，就会完全康复。华佗是世界上

🔺 华佗五禽戏图

最早使用全身麻醉的医生。

华佗学问大，医术高，又很有骨气。朝廷要他去做官，他厌恶官场的污浊风气，还是愿意在民间行医，为乡亲治病。曹操看中他的医术，要留他在身边专门为他治病，华佗不愿意只侍候他一个人，就推说妻子有病，回到了家里。不久，曹操竟将他投进监狱，把他杀害了。

法显西天取经

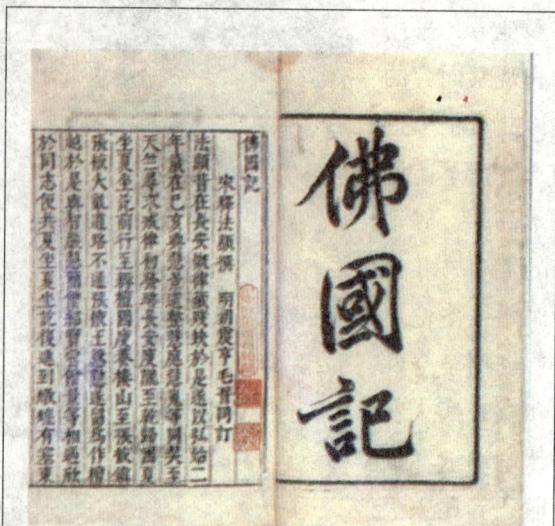

法显西行

印度佛教的东来是引人注目的大事。东晋时，不少印度等国的僧侣来中国传教、译经，中国僧侣往印度等国取经也很多。其中最主要的是中国名僧法显。回国后，法显与刚来中国的尼泊尔高僧佛驮跋陀罗一起翻译他带回的大量佛经。又著《佛国记》，记述了古代中亚、印度、南海诸国的地理、历史、风土人情。

▲《佛国记》书影

提起西天取经，人们马上就会想到唐朝的僧人玄奘，也就是《西游记》里的唐僧。其实，在玄奘去"西天取经"之前，我国就有一位僧人已到过印度，他就是晋代的法显长老。

法显原姓龚，3 岁就到寺庙当了小沙弥，20 岁正式受戒做了和尚。随着佛教在我国的传播，许多僧人都希望到印度去拜访著名的佛学大师，瞻仰佛祖释迦牟尼的圣地，寻求佛经原本，传播佛教的教义，法显和尚就是其中之一。

公元 399 年，已是 62 岁高龄的法显和另外 9 名僧人开始了西天取经之行。他们横穿塔克拉玛干大沙漠，翻越帕米尔高原，跋涉万里，终于在两年后，来到了奔腾咆哮的印度河边。这以后的 10 余年时间里，他又不知疲倦地旅行在南亚次大陆的土地上，足迹遍及今天的巴基斯坦、阿富汗、印度以及印度洋上美丽的岛国——斯里兰卡，直到公元 412 年才返回祖国。

法显是我国古代从陆路到印度旅行，又绕道斯里兰卡，穿过印度洋和南海、东海、黄海，取道海路返回祖国的第一个人。在 1600 多年前交通极为不便的条件下，法显海陆兼程，往返于中国和印度诸国之间，这是很了不起的创举。他不畏劳苦，奔波于中印之间的探险生涯，鼓舞了后人，人们沿着法显的足迹，向西域挺进，玄奘就是一个最典型的例子。

⬥ 法显著书图

大运河

⬥ 运河无锡段

我国的大运河，是公元七世纪初隋炀帝在位时开通的。运河长达 2000 余千米，沟通了海河、黄河、淮河、长江、钱塘江五大河流，北起华北平原，南抵钱塘江边的杭州。其中有一些河段，是把以前各朝代挖掘的旧有渠道修复、加深和拓宽，中间也利用了一些天然河流、湖泊。这项在世界上都极为著名的伟大工程前后共用约六年时间，动用民工 100 多万人。

据说，隋炀帝因为怀恋南方的繁华，向往江都（现在的江苏扬州）的美丽风光，想去巡游享乐，才开凿了这

⬥ 大运河的重点——杭州拱宸（chén）桥

条运河。实际上，修筑这条贯通南北的交通大动脉，也是出于当时隋朝进一步控制新归顺的东南地区、巩固政治权力和发展经济的需要。

这项工程给当时的老百姓带来了沉重的负担和巨大的灾难，大量民工惨死在工地上，千百万人妻离子散、家破人亡。不过，这条大运河修通以后，它对密切我国南北地区的联系，对促进经济文化的交流和发展，对维护和巩固祖国的统一，均起到了很好的作用。

世界上最古老的石桥

△ 赵州桥

河北省的赵县在隋朝时候叫赵州。城南有条大河叫洨（xiáo）水。每逢雨季来临，水势凶猛，洨水便成了汹涌的洪流，两岸的百姓常为交通不便而发愁。

当时有一位杰出的工匠叫李春，他在洨水上带领人们修造了一座闻名于世的大石桥——赵州桥。

赵州桥是李春设计的。大桥是用石料拼砌成的拱桥，"拱"就是弯曲的梁，是指跨越河道的桥身。赵州桥造型优美，结构坚固，全长50多米，是当时世界上跨度最大的石拱桥。这座桥最大的特点是在拱桥两端的上方各有两个小拱，这四个小拱不但节约了石料，减轻了桥身的重量，而且在发大水的时候，可以从小拱排水，减轻洪水对桥身的冲击。在选择桥基、保护桥拱、加固桥身等方面，李春也采取了许多科学的、巧妙的方法。因此，这座石桥虽然经过了1300多年的漫长岁月，但至今仍坚固完好。

赵州桥是我国劳动人民智慧的结晶，是中华民族的骄傲。它不仅是我国一座著名的石拱桥，也是世界上保存至今的最古老的石桥。

△ 李春塑像

独一无二的女皇帝

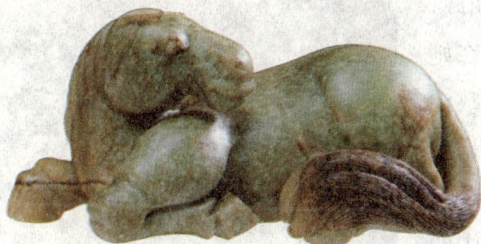

◆ 唐代瓷器

武则天是我国历史上独一无二的女皇帝。从公元690年废唐睿宗、自称"圣神皇帝"开始，到705年唐中宗复位，上尊号"则天大圣皇帝"，她足足当了15年皇帝。如果算上实际操纵朝政的时间，差不多有50年之久。

作为一个女人，武则天之所以能当上皇帝，自有其主客观的原因。武则天出身名门，有很好的文化教养。她14岁进宫做唐太宗的"才人"，以妩媚娇好和聪明伶俐受到太宗的宠幸，赐名武媚。太宗死后，她被遣送感业寺当尼姑。但武媚并不甘心就此了却一生。她忍辱偷生，等待时机，终于得到高宗的宠爱，被接回皇宫。这就为她提供了东山再起的大好机会。不久，她靠自己的努力晋升为"昭仪"。从此，她陆续迫害萧淑妃、诬陷王皇后，为自己的前程清除了两大障碍，进一步得到高宗的宠信，被册封为皇后。

武则天并不是一开始就有当皇帝的野心。她的野心是在攫取地位、权势以及政治欲望不断膨胀的过程中逐渐形成的。起

🔘 知识链接

武则天为何怕猫

传说，武则天怕猫，她在位时曾下令宫中不准养猫，这是什么缘故呢？

据史书记载，武则天被唐高宗立为皇后之前，与原先的王皇后和萧淑妃之间有过争宠的斗争。武则天取胜后，被唐高宗封为皇后，她利用权势，"遣人杖王氏及萧氏各一百，断其手足，投酒瓮中，曰：'令二妪骨醉！'数日而死，又斩之。"萧淑妃临死前曾咬牙切齿地大骂武则天："阿武妖猾，乃至于此！愿来世生我为猫，阿武为鼠，生生扼其喉。"

武则天听了萧淑妃的咒骂，心中十分不安，生怕王皇后和萧淑妃死后冤鬼索命，来世变成猫咬断自己的咽喉。因此，武则天十分讨厌猫，并下了宫中不准养猫的禁令。

初，她在皇后尊位上，施展才能，纵横捭（bǎi）阖（hé），发展了自己的势力集团。接着，利用高宗的昏庸无能，迫使高宗按她的意愿决断朝政。虽然与高宗并称"二圣"，实际上朝中大事尽在她的掌握之中。每一次图谋成功，都推动她的政治欲望不断扩展，最后促使她窥伺皇位。尽管后来高宗对她的野心有所察觉，但已经无可奈何了。她的儿子李弘、李贤、李显、李旦更是她手中的玩偶，任她摆布。在太子李弘死后，她又把李贤废为平民。高宗

▲ 武则天雕像

死后，三子李显继位，是为中宗。可不到两个月，便被废为庐陵王。她立四子李旦继位，即唐睿宗。但李旦被软禁后宫，徒有皇帝虚名。所有朝政，实由武则天独揽独裁。到公元690年，武则天见时机成熟，就废了睿宗，自立为帝，改国号为"周"。尽管武则天当了15年"武周"皇帝，但朝廷上下仍然认为她是李家的媳妇。她最终不得不让中宗复位，把皇帝宝座还给了李姓儿子。

▲ 无字碑

《西游记》里唐僧的原型

古典小说《西游记》里的唐僧，在历史上确有其人。但是，历史人物与小说中的人物是完全不同的。唐僧原姓陈，名袆，生于公元600年前后。他15岁时出家当和尚，法名玄奘。玄奘走南闯北，向许多高僧学习佛教教义，发现他们的讲解出入较大，许多佛经当时还没有汉译本。他决心西行印度去学习佛教真谛，精读佛经原本。

公元627年，玄奘踏上西行征途，历尽千辛万苦，一年

▲ 玄奘西行

后到达北印度。玄奘在迦释弥罗国（今克什米尔）苦学两年，把佛教徒第四次结集的30万卷佛经全部读完，总共学完916万字的佛教典籍。两年后，玄奘开始旅行全印度，访问佛教古迹，向名师学习，在伽耶城（今印度比哈尔邦）顶礼膜拜当年释迦牟尼曾经修行的一株古老的菩提树。最后，玄奘来到了印度的那烂陀寺。

那烂陀寺的长老是年高德劭的戒贤法师。在那烂陀寺学习的4000名和尚中，精通20部经律论的有1000人；精通30部经律论的有500人；精通50部经律论的，包括玄奘在内，只有10人。玄奘在那里被称为"三藏法师，因为玄奘是中国唐朝人，所以又叫大唐三藏法师。公元641年，戒日王请那烂陀寺的高僧去参加辩论，戒贤法师派出了玄奘。结果大获全胜，玄奘名扬全印度。玄奘载誉归国时，带回佛经657部，佛的舍利（释迦牟尼的遗骨）150粒，释迦牟尼金质塑像一座，以及金质、

▲ 玄奘塑像

银质佛像和花果种子。公元645年玄奘返回长安。唐太宗亲自在洛阳接见玄奘。玄奘不愿做官，决心把印度佛经译成汉文，并撰写了《大唐西域记》。公元664年2月，玄奘在紧张的翻译工作中猝然逝世。唐高宗悲痛地说："从此，僧

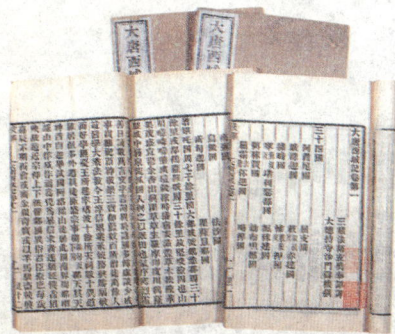

▲ 《大唐西域记》书影

《大唐西域记》共12卷，记载了玄奘出国游学所见所闻的138个国家、城邦的自然地理状况、政治、经济、宗教、文化及风土人情，是研究中古时期中亚、南亚诸国和中西交通的珍贵资料。印度历史上著名的那烂陀寺、王舍城等遗址的发现，都得益于《大唐西域记》的记载。

▲ 美猴王庆功

侣们失去了导师，佛教中失去了栋梁，而朕失去了国宝！失去了国宝！"玄奘的遗骨当时珍藏在樊州（西安）的佛塔里。

唐代的鉴真和尚

鉴真漆像

唐代的鉴真和尚（公元688年—763年），14岁出家，曾游历长安、洛阳等地，对佛经很有研究。26岁住持扬州大明寺，当时被誉为江淮佛教的首领。

中国那时是世界佛学中心之一，公元742年，日本天皇派佛界代表来到中国，要物色一名高僧去日本弘扬法事，传播佛教文化。他们钦佩鉴真学识渊博，就从长安专程到扬州邀请。当时，海上交通十分艰险，鉴真果断地说："为了佛法，何惜生命！"但是，他去日本的计划，一次次地受阻了。有一次，船出海不久即触礁损坏，只得返回；有一次，因

被官府扣留，未能成行……他第五次东渡时，遇上狂风恶浪，航向发生偏差，误入海流，竟被风浪卷到了海南岛附近。一路上淡水用尽，每天靠嚼几粒生米充饥。第五次东渡，又未能成功。

不久，鉴真因患了眼疾而双目失明，但他仍不退缩，公元753年，他以66岁的高龄和双目失明的身躯，又开始了第六次航行。他在海洋上与风浪搏斗一个多月，终于登上

扬州大明寺鉴真纪念堂

了日本的鹿儿岛，实现了他的夙愿。

鉴真来到著名的奈良东大寺，为日本武圣天皇和孝谦天皇传授戒律，成为日本戒法的开山祖。鉴真为传播中国佛教思想、弘扬华夏文化艺术和促进中日两国的友谊，立下了不朽的功勋。

赵匡胤黄袍加身

·河南封丘县东南陈桥镇，是赵匡胤（kuāng yìn）发动兵变、黄袍加身的地方。赵匡胤跟随后周世宗柴荣作战有功，被授予殿前都点检，统帅禁军。公元599年，柴荣死后，其年仅7岁的儿子柴宗训继位，赵匡胤便乘机与胞弟赵光义等密谋夺权，派了不少游说之士，在开封城里传播"点检做天子"的舆论。公元960年初，辽与北汉合兵南侵，赵匡胤率军北上，行至陈桥驿，赵光义、赵普策动兵变，集结将士于军帐之外，声言要赵匡胤当皇帝。赵匡胤假装酒醉不醒，诸位将领拥进寝所，把一件黄袍加在他身上。众皆跪拜，高呼万岁，立为皇帝。

陈桥驿的"宋太祖黄袍加身殿"原为五代时的东岳庙，早毁，清代重建。大殿高14米，宽11米，雕梁画栋，红墙绿瓦，滚龙盘脊，金碧辉煌，雄伟壮观，登上黄河大堤，极目远望，真是"龙兴旧迹"，耀眼夺目。

在大殿的前方约3米之处，有古槐一棵，树围5.4米，相传赵匡胤曾在此系马，故名"系马槐"，树前有系马碑，右侧盉

🔺 陈桥驿皇袍加身处碑刻

🔺 杯酒释兵权

🔺 赵匡胤

立一石碑，上书"宋太祖黄袍加身处"8个大字。大殿西北角，约距8米的地方有一口水井，相传是赵匡胤的将领们饮水之井。

现在，大殿已辟作展览室，里面悬挂宋太祖的画像，并有关于黄袍加身经过的介绍，院内的碑刻，拓印下来经托裱后也陈列在殿内，大门西侧的两块碑移置于大殿右前方，与东边的"系马槐""宋太祖黄袍加身处"两道碑对称并列。这座中州大地的著名古迹得到了很好的保护。

"澶渊之盟"是怎么回事

北宋时候，在我国北方辽阔的土地上，同宋朝并立的还有少数民族契丹族建立的辽政权。

北宋前期，辽的力量逐渐强大。辽军常到黄河流域扰乱或掳掠。公元1004年1月，辽军大举南下，萧太后率全国之兵20万，以迅雷不及掩耳之势至澶州北城 今河南濮阳），矛头指向北宋都城东京（今河南开封）。当时东京与澶州仅一河之隔，形势对北宋十分不利，朝廷上下手足无措。为解燃眉之急，当时的皇帝宋真宗慌忙问计于群臣。大臣们有的主张迁都金陵，有的主张避难成都，只有宰相寇准等少数大臣主战。寇准说："主张迁都的人，应当斩首。"他要求真宗御驾亲征。

🔺 宋真宗

在兵临城下，万般无奈的情况下，宋真宗才渡河亲征。途中，又有大臣劝阻，宋真宗有点动摇了。寇准说："只可前进，不能后退，否则就会军心涣散。"这样，宋真宗不得不继续前进。前线的宋军将士看到皇帝亲征，

🔺 寇准

都很感动，斗志昂扬，把几千个前来攻城的辽兵杀得一败涂地。初战告捷，大大鼓舞了宋军战士。他们射死了在澶州城下察看地形的辽军先锋萧挞览，削减了辽军嚣张的气焰。

见辽军士气开始低落，寇准力主乘势进军，收复失地。但宋真宗无心恋战，于是宋辽进行议和。宋真宗派曹利用赴辽营谈判，条件是

🔺 宋人词意图

不准割地，岁币（北宋政府每年给辽、西夏的钱财等物）"百万之下皆可许"。寇准觉得岁币数目太大，就对曹利用说："不得过30万，过30万，我斩了你。"结果谈判成功，达成协议，规定：辽国皇帝称宋朝皇帝为兄，但"哥哥"每年必须给"弟弟"20万匹绸缎和10万两银子；辽军撤走。宋真宗为了求取苟安，不顾爱国将领的反对，不惜屈服，签订了协议。这就是历史上的"澶渊之盟"（澶州附近有古湖名曰澶渊，因此历史上把这次宋辽和议称为"澶渊之盟"）。

北宋要给辽岁币，就得剥削人民，因而加重了北宋人民的负担。

沈括的伟大贡献

沈括是我国北宋时期一位卓越的科学家。他博学多才，一生积极从事科学研究。他不仅精通数学、物理、化学、生物、医药等多方面的知识，而且还会识天呢。

有一年久旱无雨，农作物普遍缺水，人人都盼雨心切。不久，出现了一连几天的阴天，大家都以为要下雨了。可是滴雨未下，天又转晴了，阳光强烈地炙烤着大地。这天沈括正好去面见宋神宗。宋神宗便问他："什么时候下雨？"沈括十分自信地回答："明天就会下雨。"在场的文武官员都不相信他。

第二天，果然下了雨，大家都夸沈括是个"神仙"。沈括说："我并不是什么神仙，而是根据气候的变化来推测的。

沈括

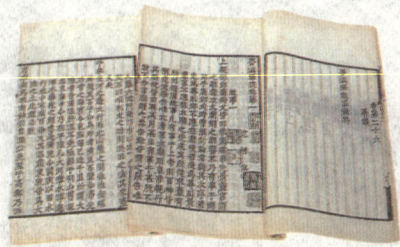
《梦溪笔谈》书影

大家想一下，这几天连日天阴多云，说明水汽已经很多，但因风力较大，没有形成雨；后来突然云散天晴，阳光照射地面，使水汽有了充分蒸发成雨的条件，因此，便会下雨。"一席话说得文武官员心服口服。

△ 江苏镇江梦溪园

后来，沈括担任司天监，发现那里的人不少不学无术，根本不懂得用仪器观测天文。他到了司天监以后，添置了仪器，为了观察北极星的位置，他一连三个月，每天夜里用浑天仪观察，终于计算出北极星的正确位置。

沈括在他晚年著述的《梦溪笔谈》一书中，记述了他在科学技术上的创见。他创制的"十二气历"，以立春为元旦，一年365天，大月31天，小月30天，大小月相间。这种历法，有利于安排农业生产。800多年以后，英国才有类似的历法。他还说指南针"能指南，然常微偏东。"这说明他已经发现地磁偏角的存在，比欧洲早了5个世纪。《梦溪笔谈》是我国科学发展史上的珍贵遗产。

⊙ **知识链接**

"溜须""拍马"的故事

宋真宗赵恒信道教。当时有个大臣叫丁渭。一次，宰相寇准与丁渭在朝房用饭。丁渭看到寇准胡须上粘了一些饭粒，便亲自上去为他溜须揩拭，并对他的胡须盛赞一番。寇准忍不住哈哈大笑道："难道天下还有溜须的宰相吗？"后来人们便称丁渭为"溜须宰相"。"溜须"一典始于此。

拍马也是吹捧、奉承之意。蒙古人有这样一个习惯，当俩人牵马相遇时，要互相在对方的马屁股上拍一下，表示赞叹对方养马有方，并无奉承、吹捧之意。可是，也有些人为了巴结、奉承权贵，只要见他们牵着马，不问优劣，都跑拍马屁股说奉承话，这就是"拍马屁"的典故。

《资治通鉴》记史始于哪年

一般史书记史，或肇于某个朝代，或始于某个帝王，而作为通史的《资治通鉴》则异乎寻常，从东周威烈王二十三年(公元前403年)开始记史。这是为什么呢？

公元前453年，韩康子、赵襄子、魏桓子联手消灭了当时执掌晋国的知伯的势力，掌握了晋国的实权，但名分上还是"卿"，是周朝的"陪臣"，而不是诸侯。按时俗，要成为诸侯国，必须得到周天子的任命。当时的周天子已形同虚设了，于是在公元前403年，三家派代表向周天子讨封，周天子做顺水人情，封赵籍为赵侯，魏斯为魏侯，韩虔为韩侯。至此，韩、赵、魏正式成为三个独立的诸侯国，晋国随之消失，这就是历史上著名的"三家分晋"。

▲ 司马光

司马光奉宋英宗之旨编撰历史，旨在"鉴前世之兴衰，考当今之得失"，给封建社会的君主提供可资借鉴的史实，从公元前403年开始编年记史，自有其道理。

◀ 《资治通鉴》

司马光(1019年—1086年)，字君实，陕西夏县（今属山西）人，北宋著名的政治家和史学家。他认为纪传体史书文字繁多，不利于士人、帝王阅读，便决定编一部编年体史书，上接《左传》，自战国开始，写到五代。治平三年（1066年），他完成了战国部分八卷，进呈宋英宗。英宗十分赞赏，下令开局续修，由司马光主持。次年，神宗为此书赐名《资治通鉴》，取"鉴于往事，有资于治道"之意。司马光编书，邀请当时的著名史学家协助他搜集资料，写出长编，由他删繁就简，写成定本。经过十八年的努力，至元丰七年（1084年），全书始告完成。

《资治通鉴》共二百九十四卷，又有考异和目录各三十卷。叙事上起周威烈王二十三年（公元前403年），下迄后周世宗显德六年（公元959年），以事系年，详略得宜，史料翔实，考证谨严，文笔简洁，以述事论人为主，兼及制度、文化、地理、民族，为一部极好的编年体通史。司马光在书中对一些王朝的兴亡或帝王的成败多有评论，虽以儒家正统观点为指归，但其批妄疾恶、倡导明治的精神，在封建社会中是有积极意义的。

　　抑或是因为此前的史料缺乏，抑或是因为此前的史料虽有，但司马光不以之为"信史"。但更重要的是司马光认为"天子之职，莫大于礼，礼莫大于分，分莫大于名。何谓礼？纪纲是也；何谓分？君臣是也；何谓名？公侯卿大夫是也"。名分是最重要的。而"三家分晋"的事件是"三卿窃君之权，暴灭其君、剖分其国"，是"王法所必诛"，而"威烈王不惟不能诛之，又命之为诸侯，是崇奖奸名犯分之臣也"，"周虽未灭，王制尽矣"，为了"谨名分"，故记史肇（zhào）始于公元前 403 年的"三家分晋"，以警帝王。

　　再者，司马光是为了给封建君主提供借鉴的，当然要选择相似的社会格局中的史实。而随着"分封土地，建立诸侯"制度的瓦解，随着"初税亩"的出现，社会性质发生了根本性的变化，到"三家分晋"时，中国封建社会的格局已经形成，与北宋社会比较相似。所以，他就从"三家分晋"记史，以作为封建帝王的借鉴。

岳飞背上刺的是何字

　　《说岳全传》等小说中都说岳飞背上刺有"精忠报国"四字，其实应该是"尽忠报国"。

　　《宋史》中说，岳飞被捕后，秦桧叫何铸审讯，岳飞"裂裳以背示铸，有'尽忠报国'四大字，深入肤理"。另外，据《宋史》记载，岳飞对于宋孝宗继位颇有定策之功。绍兴八年（1138 年）秋，高宗召岳飞回朝，命其诣资善堂见皇太子。"飞退而喜曰：'社稷得人矣；中兴基业，其在是乎！'"孝宗即位后，就命人铸岳飞像，赐岳飞子岳霖奉侍。此像为铜身金装，"朝衣冠，

手执圭，圭镌'奉旨'二字，胸镌'尽忠报国'四字。"从史书看，岳飞背上所刺文字实为"尽忠报国"。

至于说岳飞背上的"尽忠报国"四字系由岳母刺写，那仅仅是民间传说而已，并无史料根据。

那么"尽忠"为何会成了"精忠"呢？这可能与高宗赐的字有关。宋高宗在绍兴三年（1133年）曾手书"精忠岳飞"四字，并制成锦旗奖给岳飞及其军队，后来"精忠"二字就常见了，杭州岳墓就有"精忠柏亭"的字迹。

千古奇冤——"莫须有"

🔺 岳飞雕像

抗金名将岳飞足智多谋，英勇善战，立下了许多战功，他率领的军队被称为"岳家军"。岳家军纪律严明，"冻死不拆屋，饿死不掳掠"。他们作战勇敢，金兵非常害怕，不得不发出"撼山易，撼岳家军难"的哀叹。

1140年，金的大将兀术带领主力骑兵南下，岳飞带兵从襄阳进驻郾（yǎn）城。两军在郾城展开激战。岳飞指挥部队，把金军打得人仰马翻，大败而逃。金兀术懊丧地说："战胜的希望没有了！"岳飞乘胜前进，他鼓励将士说："直捣黄龙府，与诸君痛饮耳！"被金兵占领的北宋国都汴梁也指日可待了。

但是，贪图享乐、昏庸无能的赵构在秦桧的

唆使下，发出命令，要岳飞从前线撤兵，并接连发出 12 道催促退兵的紧急金牌，强令岳飞撤军。

岳飞撤军以后，金兀术自然十分高兴，但他并没有彻底解除后顾之忧，怕岳飞再被起用，便派使者送密信给秦桧说："你天天向我们求和，但是留着岳飞，我们不放心。一定得想法子把他除掉。"秦桧接到金兀术的密信后，就派他的心腹爪牙出面，罗织岳飞的罪状，诬陷岳飞谋反，不久就叫他的另一个爪牙张俊把岳飞父子投进监狱。

△ 杭州西湖岳飞庙

用酷刑逼岳飞承认，要他写供词，岳飞在纸上写下了光明磊落的八个大字："天日昭昭，天理昭昭。"

昏聩无能的宋高宗赵构听从秦桧一伙的摆布，把岳飞交由大理院审理，但审来审去，除了忠贞铁骨、尽忠报国，怎么也审不出岳飞一丁点儿"谋反"的罪证来。

△ 秦桧跪像

这一件事非同小可，整个朝廷上下一片哗然，很多官员都知道岳飞冤枉，老将韩世忠忍不住亲自去找秦桧责问："凭什么说岳飞谋反，到底有什么证据？"秦桧理屈词穷，无言以对，于是就含糊其辞地说：虽证据不明，但谋反的事件"莫须有"（"也许有"的意思）。秦桧终于在 1142 年 1 月 27 日秘密把岳飞杀害了。

岳飞被害后，秦桧与金人签订卖国求荣和议——"绍兴和议"，南宋向金称臣，年年纳金，岁岁贡银，赵构当了金人的"儿皇帝"。秦桧集权势于一身，在南宋共当了 19 年宰相，于 1155 年死去，遭到后人的万世唾骂。

△ 岳飞出师表印记

一代天骄——成吉思汗

1206年，45岁的铁木真召集蒙古各部落贵族，在斡难河源头隆重聚会，竖起九脚白旄纛（dào）旗，宣布大蒙古正式建立。铁木真被推举为蒙古的大汗。巫师阔阔出对铁木真说："如今称汗的各国君主都被你征服了，他们的领土都归你统治。所以你应该有'天下大汗'的尊号。承上天旨意，就称你为'成吉思汗'吧。""成吉思"的意思，一说是"天赐"；一说是"海洋"，即拥有四海的权力；还有的说，铁木真称汗时，有五色鸟在天空飞翔，并不停地叫着"成吉思、成吉思"。"汗"即"主"或"大王"。

成吉思汗把全蒙古的百姓划分为95个千户，委任他的开国功臣和各部首领为千户那颜（统领），千户之下设百户、十户。凡15岁以上、70岁以下的男子都要统编为士兵，平时从事畜牧生产，战时跃马弯弓。千户制既是蒙古国的地方行政单位，又是军事单位，大大巩固了蒙古国家的统一。

成吉思汗

几个世纪以来，蒙古各部落相互残杀，纷争不已。成吉思汗把数以百计的大小部落统一起来，将语言、种族、文化各异的各部落结成了共同体。至此，一个有着共同语言的统一的蒙古民族终于形成。

明朝的开国皇帝——朱元璋

1368 年，古城南京正进行着一场盛大的庆典，一位乞丐和尚登上了皇帝的宝座。他就是明朝的开国皇帝朱元璋。

朱元璋（1328 年—1398 年），安徽凤阳人，出生在一个贫困家庭，小时候为地主放过牛。后来他的父、兄等亲人相继死去，他便落发为僧，乞讨度日。又过了三年，郭子兴领导农民发动了起义，朱元璋便只身投靠起义军。由于他胆识过人，很快在战场上崭露头角。

△ 明太祖朱元璋

1355 年，这是朱元璋走向胜利的关键一年。他率军横渡长江，向经济富庶的江南发展。由于他的将士多为江北人，依恋故乡，行军缓慢，朱元璋为了断其归乡之念，便斩断船缆，推船入江。将士们见无路可退，遂奋勇争先，一举攻下南京。元朝主将战死，余部纷纷投降。朱元璋以南京为基地，制定"高筑墙，广积粮，缓称王"的战略，

△ 明太祖朱元璋

扩大势力，站稳脚跟，建立了巩固的根据地。

1368 年，决战开始了。朱元璋首先攻打华南地区的对手陈友谅，并公开宣布与红巾军决裂。他派人假惺惺去迎接红巾军的首领小明王韩林儿，趁其不备，将他沉入江底溺死。后又平定了势力

△ 明太祖的皇后马氏

强大的张士诚，打败了割据浙东的方国珍，再派兵南下消灭割据福建的陈友谅，最后收复了两广。经过几次战役，朱元璋的实力变得强大起来，于是派徐达率25万大军北伐元大都北京。苦战八个月后，北京陷落，元顺帝逃跑，元朝自此灭亡。这样，朱元璋用了20多年的时间，终于登上了大明皇帝的宝座。

郑和下西洋

15世纪初，在欧洲航海家们还在地中海里航行的时候，我国明代伟大的航海家郑和，就已率领了庞大船队，七下西洋，遍访了越南、菲律宾、印尼、斯里兰卡、印度、也门等亚非数十个国家和地区，最远航行到了东非的麻林（肯尼亚），总航程约7万海里以上，相当于环绕地球航行3周多。

郑和自被明成祖朱棣委派为皇华使臣第

△ 郑和石像

△ 郑和海船（模型）

三宝太监郑和统率船队，曾七次下西洋。船队最大的海船长148米，宽60米，立9桅，挂12帆，是当时世界上最大的木帆船。

一次下西洋（明永乐三年，即公元1405年），到他年过花甲，第七次下西洋的28年间，大都在惊涛骇浪中度过。郑和远航最盛时，率领大宝船60余艘，加上中小型船只共200余艘，官校水手27800余人。最大的宝船长 137 米，宽 56 米，装有 9 桅，12 帆，载水手千人，铁锚重几千斤，排水量七八千吨。采用"牵星过洋"的天文知识夜航,用水罗盘定航向。在七次远航中，他们绘出了敦睦四海的"航海地图"，丰富和总结了当时世界航海地理和天文导航等科学知识，畅通了中国到亚非各国的海上"丝绸之路"，为密切中国和亚非国家的友好交往，相互促进经济文化发展，都作出了杰出的贡献。

郑和下西洋首航比哥伦布到达新大陆早 87 年，比达伽马绕过好望角到达印度早 93 年，比麦哲伦到达菲律宾早 116 年。而这三个欧洲著名航海家，当时只率四五条海船、二三百水手，和郑和下西洋的规模无法比拟，这充分表明了当时中国在政治、文化和造船、航海方面，都居于世界前列。同时，显示了郑和及其水手们的伟大民族气概和百折不挠、激流勇进的大无畏精神。

于谦和北京保卫战

于谦（1398 年—1457 年），字廷益、浙江钱塘人。明朝军事家、诗人。少年时期他聪颖过人，勤奋好学，青年时代曾作诗明志。他在《石灰吟》一诗中说："千锤万凿出深山，烈火焚烧若等闲。粉身碎骨全不怕，要留清白在人间。"于谦 20 岁考中进士，先后任监察御史、山西和河南巡抚、兵部侍郎、兵部尚书等职。他办事干练，为官清廉，深得朝廷器重，人称"龙图再世"。一次进京，随从问要带些什么人情礼物，他举起两袖笑着说："带有清风。"之后，"两袖清风"就传为美谈，这件事表明了于谦反对阿谀奉承，不畏权贵的崇高品德。

明英宗正统十四年（1449 年），北边瓦刺（là）首领率军进扰，骚扰边镇，威胁朝廷。太监王振力促英宗亲征。英宗不顾于谦等人的

▲ 于谦

劝阻，就贸然亲率大军 50 万出征。结果，明军退至土木堡时（今河北怀来县境内），突然被瓦剌骑兵包围，明军顿时大乱，英宗率军突围失败。"乃下马盘膝面南而坐"，被瓦剌军生俘，这就是土木堡之变。

土木堡战斗之后，敌军向北京挺进，明英宗被俘，朝中无主，朝野上下一片混乱。皇太后命英宗弟朱祁钰监国，代皇帝总管政事。在大敌压境的情势下，有的大臣主张迁都避难，兵部侍郎于谦主张坚决抵抗。朱祁钰即帝位（明代宗），采纳于谦抗敌主张，命于谦为兵部尚书，负责保卫京师。

于谦受命于危难之时，他决心挽救国家危亡的命运，加紧制造武器，训练兵勇，储备粮食，惩办奸细，于谦挥泪激励将士，奋勇杀敌，明军士气大振，决心保卫京师。于谦亲自披挂上阵，两军在城外激战五昼夜，瓦剌军损失惨重，被迫撤军。于谦取得了保卫北京战斗的胜利。

🔺 明代服饰

戚继光

在我国明朝的时候，日本被称为"倭国"。当时日本正经历着战乱时期，国内分裂，内战频繁。一批武士打了败仗，失去了军职，又分不到土地，遂沦落为无业的"浪人"。这些浪人与奸商、流氓和海盗勾结起来，流亡在海上，不断地侵犯和骚扰我国东南沿海一带。历史上称这些浪人、流氓为"倭寇"。

倭寇每次来犯，杀人放火，掠夺财物，人民深

🔺 明代瓷器

受其害，也给中国封建统治者造成了损失，他们被迫奋起反击。戚继光就是一员奋勇抗倭、战功卓著的名将。

戚继光调任浙江后，镇守宁波、金华、台州三地。他见明朝军队腐败，没有战斗力，就招收强悍有志的农民和矿工一万六千人，组成新军，

▲ 戚继光

▲ 《纪效新书》
戚继光在抗倭战争期间写成的《纪效新书》，是东南沿海平倭练兵与作战的经验总结。

这支军队被人们称为"戚家军"。戚继光又根据沿海的地形环境特点，创造了一种火器、弓箭相互配合的新战术，使倭寇的重箭、长枪无法施展它的威力。经过戚继光的严格训练，使这支队伍很快成为纪律严明、精通战法、武艺高强的劲旅，一连打了几个大胜仗。这支队伍使倭寇闻风丧胆，纷纷败退。戚家军守卫边防，保护了民众的安全，受到大家的爱戴。

史可法抗清

1644年，李自成攻破北京，崇祯皇帝自尽，明朝大臣们在建康（今南京）拥立福王朱由崧为帝，史可法被授为兵部尚书兼太极殿大学士。

朱由崧是个昏君，他不顾清军入关，用军饷建造华丽宫殿，供自己享受。朝政却把持在奸臣马士英、阮大铖等人手中，他们揽权行私，搜刮民脂民膏，互相倾轧。当时，只有史可法督师江北，坚决抗战。

1645 年春，清军南下围攻扬州，史可法率领一支部队死守孤城，誓死不投降。清军统帅多铎多次劝史可法投降，史可法坚决不答应。多铎恼羞成怒，率领清军攻城，史可法亲自把守险要关口，指挥士兵用铁炮还击清军，清军死伤无数。多铎见强攻不行，便亲自督阵，猛攻旧城的西北角，用清兵的尸体填平了城外的护城河，攻入城内。

史可法见清军攻入城内，局势无可挽回，便拔剑自刎，由于部将拼命阻拦，没有击中要害，他又命令部将动手杀他，而部将不忍心，一个个都不愿动手。

将士们保护着史可法从旧城的小东门突围，不料，清军拼死阻击，由于寡不敌众，部将多数被清兵敌箭射死，史可法被俘。

▲ 史可法

史可法被俘，多铎欣喜若狂，待史可法如上宾，以高官厚禄诱降。史可法坚贞不屈，昂首回答："我乃天朝重臣，岂可苟且偷生，做万世罪人！城存与存，城亡与亡，头可断，身不可屈！即使把我碎尸万段，也心甘如饴。"

多铎见劝降不行、诱降不成，便命令清兵将史可法押赴新城南门碎尸万段。这位伟大的民族英雄就这样被杀害了。

《明军抗倭图》（现藏于日本京都大学）

郑成功收复台湾

1661 年 4 月 21 日，民族英雄郑成功率领强兵数万，在金门料罗湾誓师祭江。然后率战船数百艘，浩浩荡荡，乘风破浪，去收复被荷兰殖民军侵占了 38 年的祖国宝岛台湾。

4月30日拂晓，庞大的船队到达赤嵌城（即今安平）北边的鹿耳门海面，然后绕过激流险滩，躲过暗礁沉船，出其不意地在赤嵌城北5000米的禾寮（liáo）港（在今台南境）登陆。

郑成功奇袭鹿耳门

郑成功铜像

台湾人民看到郑成功的先头部队登陆后，立即端着吃的、提着喝的，赶来慰问，台湾青年自告奋勇协助士兵登陆。在人民的大力协助下，两小时内，郑成功的陆军顺利地占领了滩头阵地，舰队也做好了作战准备。

为了阻止郑成功的部队继续扩大战果，挽回败局，荷兰驻台长官弗里第里克·揆一急忙组织力量，从海上、陆地上同时发起反击。

在海上，荷兰殖民军的4艘战舰与郑成功的60艘大型帆船，双方枪炮齐发，摇旗击鼓，互不示弱。开始时，有几条郑成功的船只被击穿，但英勇无畏、训练有素的水兵们毫不退缩，他们前仆后继，用大炮向敌舰猛轰，荷兰殖民军见大势不妙，连忙调转船头，开足马力，夺路而逃。

在陆地上，战斗进行得更为激烈。敌军趾高气扬地摆好阵势，一边冲锋，一边连放火枪，他们原以为只要放一排枪，打中其中几个人，郑成功的部队便会吓得四散逃跑，全部瓦解。但是，郑成功的部队毫无惧色，他们有的

史公祠一角

拿着弓箭，有的双手握一把长柄大刀，低身弯腰，冒着密集的火力，奋不顾身地向敌人冲去，把刚才还耀武扬威的荷兰殖民军直打得抱头鼠窜，落荒而逃，最后龟缩在堡垒里再也不敢露头。

接着，郑成功部队乘胜包围了赤嵌城，城防司令见救兵无望，于5月4日挂起白旗，宣告投降。随后，郑成功又下令水陆大军包围了热兰遮城（今台南市），并在海上连续击溃荷兰殖民军由巴达维亚派来的援军。经过数日的围困，城内荷兰殖民军弹尽粮绝，军心涣散。郑成功认为夺城时机已成熟，下令发起总攻。郑军一举攻克热兰遮城的外围据点乌特勒支堡，并直逼城下。揆一见大势已去，不得不于1662年1月27日宣布投降，并于2月1日带领残兵败卒，列队向郑成功献上投降书。从此，被荷兰殖民主义者占据了38年之久的台湾，终于重又回到祖国的怀抱。

● 郑成功收复台湾

⏻ 知 识 链 接

施琅收复台湾

1662年，民族英雄郑成功一举驱逐了荷兰殖民主义者，收复了台湾，被封为延平郡王。郑成功死后，其子郑经继任。此时，清朝的统治日趋巩固，全国统一已是人心所向，而郑经集团却日益腐化，并勾结荷兰殖民主义者，妄图脱离祖国。1681年，郑经病死，次子郑克塽继任延平郡王，台湾处于"人人思归""众皆离心"的局面。

鉴于这种形势，康熙皇帝启用爱国将领施琅再次担任福建水师提督，授予他收复台湾的全权。施琅抱定收复台湾的决心，制定了"先取澎湖，又捣其穴"的进军战略，于1683年6月14日，率领水师2万余人，大小战舰300余艘，夏取澎湖。在激烈的海战中，施琅身先士卒，奋勇冲杀，在右眼眼睛击伤后，"以帕覆血""督战益力"，在他的带动下，清军将士奋身忘死，一举攻克澎湖诸岛，首战告捷。后来，郑克塽作出了历史性的决定——"请求纳附"。

1683年8月13日，施琅赴台湾进行接管工作。他首先到郑成功庙中致祭，接着又发布了《谕台湾以安民生示》和《严禁犒师示》，制定了一系列安民措施，受到台湾人民的热烈欢迎和拥戴。至此，宝岛台湾在一度分离之后，再一次回到祖国怀抱。

康熙皇帝

△ 康熙像

提起康熙皇帝，人们自然会联想到他果断起兵平定三藩之乱、收复台湾，打击沙俄殖民者的入侵，粉碎准噶尔叛乱等打击分裂势力、维护国家统一和领土完整的壮举。后人把康熙到乾隆统治的时期称为康乾盛世，就是对康熙大帝功绩的一种肯定。康熙皇帝执政61年，对维护中华民族的统一和发展经济文化都作出了重要贡献。

康熙名爱新觉罗·玄烨（1654年—1722年），是清入关后首位皇帝顺治帝的第三子，他自幼在宫中深受汉族封建文化熏陶，又爱好骑马、射箭，少年时代就已文武兼备。

康熙即位时年仅8岁，由他的祖母孝庄文皇后和索尼、遏必隆、苏克萨哈、鳌拜四大臣联合辅政。14岁时开始亲政。康熙亲政之初，最大的威胁来自辅政大臣鳌拜。野心勃勃的鳌拜，在朝中结党营私、独断专行、排挤其他大臣，在国内推行"圈地令""迁海令"等极端政策，严重地破坏了农业和工商业的发展。对康熙，他也想伺机除去，以便自己登上皇位。年轻的康熙帝为了麻痹鳌拜，假意沉溺于游乐之中，整日和一帮少年在宫中做角斗等游戏。待一切准备妥当后，他才召鳌拜入宫，宣布将鳌拜革职查办。鳌拜欺皇帝年幼，禁卫部队又多其亲信，竟要拔刀反抗，康熙一声令下，平日与康熙玩耍的一帮十六七岁少年一拥而上，将鳌拜拿下。康熙乘机将鳌拜的死党一网打尽，除掉了亲政的绊脚石。继而，康熙下令停止圈地，实行奖励耕织、减免赋税，对汉族知识分子加以笼络，缓和了阶级矛

△ 康熙年间青瓷碗

盾和民族矛盾，使国力迅速强大起来。

在执政的 61 年间，他表现出了一个封建统治者卓越的才能。康熙不仅促成了清初经济的繁荣，而且为多民族统一国家奠定了基础。当时的中国领土北起外兴安岭，南至南沙群岛的曾母暗沙，西起巴尔喀什湖和帕米尔高原，东至鄂霍次克海、库页岛，成为最强大的封建大帝国。

康熙帝对学术文化的发展也起到了推动作用。他下令组织人力编纂《明史》《古今图书集成》《康熙字典》《大清会典》等书籍，允许西方传教士在中国传播科学知识。康熙自己还写了科学论文八九十篇，在许多方面提出了独到的见解，可称著名学者，这在历代皇帝中也是极为罕见的。

作为封建皇帝，他也曾实行过文化专制主义，大兴文字狱，迫害反清的知识分子。但综合来看，康熙帝的一生毫无疑问是功大于过的，他在中华民族发展史上占有重要地位。

▲ 清皇帝战衣

"十全老人"

清朝的第四位皇帝爱新觉罗·弘历，年号乾隆，是中国历史上寿命最长的皇帝，活了 88 岁，也是历史上执政最久的皇帝之一，共执政 60 年，退位后还当了 3 年的太上皇。乾隆时期，也是清代历史上最强盛的时期之一，后人把康熙、雍正、乾隆三代称为"康乾盛世"。

乾隆帝执政的 60 年，在文治和武功方面都颇有建树。在文治方面，他勤于朝政，善于控制各级官员并能恩威并施，对拥护清朝的汉族知识分子进行笼络，拉拢一批地主阶级文人到朝中做官，让其充分发挥才能，以维护统治的稳定，但是对于反满反清的知识分子又大兴文字狱，进行打击迫害。乾隆帝还善于利用巡游之机，加强对各地的统治。他曾数次外出巡游，其中六次下江南，了解南方的政治、经济形势和民风民俗，考察各级官员，这位皇帝也是多才多艺的天子，每到一地，都兴趣盎然，执笔挥毫，在许多地方留下墨宝，至今人们还能看到。

🔺 乾隆钟

乾隆皇帝不仅文治显著，而且极有军事才干。18世纪，随着西方势力的不断东进，我国边疆地区屡次出现危机，但乾隆帝却能运筹帷幄，及时调兵遣将，多次平定一些叛乱和外族入侵。他非常得意自己一生的武功，晚年曾写出《十全武功记》，将两平准噶尔，定回部，两定大小金川，靖台湾，降服缅甸、安南（今越南），两次降服廓尔喀蒙古，合计为十，他自诩为"十全老人"，并镌刻了"十全老人之宝"的印章。他凭借清初发展起来的国力，东征西讨，使清朝国势在他统治的时代达到极盛。

但是在乾隆帝执政时期，也有许多不尽如人意之处，如他宠信奸佞和珅，和珅弄权20年，贪赃枉法，横行无忌，贪污银两竟多达10亿两白银，成为历史上最大的贪污犯。乾隆也没能解决当时激烈的阶级矛盾，他退位不久，就在四川、湖北爆发了全国性的白莲教大起义。嘉庆四年（1799年），乾隆帝以88岁高龄寿终正寝。

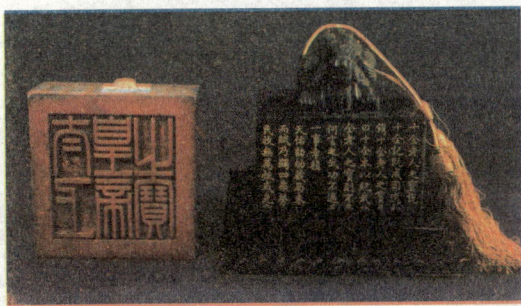
🔺 乾隆皇帝的太上皇帝之宝
乾隆皇帝在位60年，传位于嘉庆后，又做了3年太上皇。在重大事情上，他仍以太上皇的名义发号施令。

虎门销烟

林则徐石像

北京天安门广场上，矗立着庄严的人民英雄纪念碑，碑座上镌刻了记录着近百年来中国人民革命斗争英雄事迹的 10 幅浮雕，第一幅就是虎门销烟的动人场面。

虎门，位于珠江的入海处。因为雄踞在狮子洋的大虎山、小虎山，像两只凌空欲扑的猛虎，而矗立于穿鼻湾江流之中的上下横档礁，又酷似珠江两扇壁立的铁门，故而得名。这里不仅山水奇丽，富有诗情画意，更主要的是在 150 多年前，林则徐领导英雄的虎门军民在这里销毁鸦片、抗击英国侵略者，揭开了中国近代史上可歌可泣的第一页，因而使虎门的名字闻名中外，载入史册。

鸦片烟具

19 世纪 30 年代，英、美、葡武装走私鸦片进入我国，用这些毒品来毒害中国人民，又骗走了我国大量白银，中国人民纷纷起来同贩卖鸦片的活动者作斗争。1838 年，林则徐上书道光皇帝说，如果任凭鸦片泛滥，数十年后，"中原几无可以御敌之兵，且无可以充饷之银"。在禁烟舆论的压力下，道光皇帝任命林则徐为钦差大臣，节制广东水师，查禁鸦片。在人民群众的支持下，林则徐迫使外国烟商在虎门交出鸦片 20283 箱，共重 1188127 千克，于 1839 年 6 月 3 日至 25 日在虎门销毁。这真是震撼世界的壮举。

新中国成立后，在虎门太平镇北郊修建了一座海滨公园，这是全国重点文物保护单位之一。步入公园，迎面看到的是五个手执兵器的渔民、农民和

吸食鸦片

士兵的抗英塑像，抗英英雄纪念碑矗立在公园中心，公园深处是"虎门人民抗英纪念馆"，复原的销烟池在公园左侧，销烟池共两个，长宽各50米，池底平铺石板，四周拦桩钉板，池旁开一涵洞，池后通一水沟。销烟时，先将池蓄满水，洒下浓盐卤水，再将鸦片分批放入池内，再加生石灰搅拌，使其分解销蚀，然后引江水入池冲走，点滴不留。销烟池不仅是中国人民坚强意志的最好见证，而且充分显示了中国人民的聪明智慧。

▲ 罂粟

　　虎门，是中国人民反帝斗争的伟大起点。如今，前来游览虎门古塞、凭吊抗英英雄、参观鸦片战争古战场和"销烟池"的中外游客络绎不绝。

区 三元里抗英

　　在鸦片战争中，英国侵略者虽然迫使腐朽的清朝政府退让屈服，但却遭到具有光荣革命传统的中国人民的坚决反击，其中规模最大的是广州郊区三元里人民抗击英国侵略者的斗争。

　　1841年5月29日，英国侵略者来到距广州城北五里地的三元里村，正遇到菜农韦绍光的妻子，就尾随调戏。韦绍光等人闻讯赶来，忍无可忍，当场打死了八九个英国士兵，其余的英国士兵便抱头逃跑了。韦绍光料定敌人决不会罢休，便在三元古庙前，拿起庙中三星旗宣誓："旗进人进，旗退人退，打死无怨！"大家遵守令旗，统一行动，团结战斗。

　　5月30日早晨，三元里和附近的几千群众，手持刀矛、锄头、棍棒，向英国侵略军的营地——

▲ 广东三元里抗英纪念碑

▲ 三元里抗英图

四方炮台挺进，当英军司令卧乌古率军冲下来时，他们立即向北撤退，诱敌深入，敌人不知是计，以为中国人民无力抵抗，一味穷追，一直追到牛栏冈。这时，狡猾的卧乌古发现中计，立即下令撤退。这时一声锣响，牛栏冈上出现了七八千人的队伍，把敌人团团围住猛打痛杀；敌军少校毕霞在这次战斗中被打死。

中午，雷电交加，风雨大作，撤退中的侵略者，因火药受潮，枪炮失灵，士气更加低落。而三元里人民却越战越勇，他们挥锄上阵，奋勇当先，痛杀敌人，就连妇女儿童也呐喊助威，漫山遍野，杀声震天。

敌人眼看抵挡不住英勇的三元里人民，只好狼狈撤退。暴雨下个不停，穿着长筒靴的敌人不时滑倒在田里，很快就成了刀下鬼。有的只好跪在地上，举手投降。一些敌人结成方阵，向后撤退。一个农民举起缴获的"洋枪"，用自己的火绳点燃火药，轰的一声，将英国旗手伯克莱打死了。

三元里人民的抗英斗争，是近代中国人民第一次自发的反抗外国侵略者规模较大的英勇斗争。它沉重地打击了英国侵略者，迫使他们不得不立即从广州撤兵。

天朝田亩制度

太平天国在 1853 年冬颁布以解决土地问题为主要内容的农民革命纲领——《天朝田亩制度》。在土地问题上，该纲领规定：把全国土地按单位面

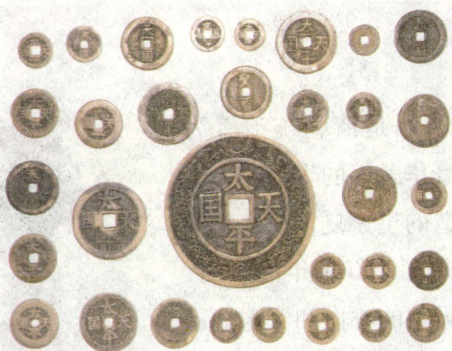

△ 太平天国铜币

罢黜（chù）的制度等。《天朝田亩制度》中关于平分土地的主张，否定土地私有制，但它是一种实际上行不通的绝对平均主义的空想。从现存史料看，这种平分土地的办法没有真正实行过。

积产量的多少分为上、中、下三等，每等又分为上、中、下三级，然后按人口平均分配使用，16 岁以上的男子和女子分得全份，15 岁以下的减半，好、坏田搭配。还规定农户应不失时机地从事种桑养蚕、饲养猪鸡等副业生产。在社会组织方面，规定实行"寓兵于农"的守土乡官制和供给制的国库（即圣库）制度，以及各级官吏的选举、升迁和

△ 太平天国纪念碑

知识链接

中国历史上唯一的女状元

太平天国七年，洪宣娇建议其兄洪秀全开科取士，求取武功文治人才，并设立女子科举制。天王十分赞赏她的独特见地，"令女军等改习应试"，委命洪宣娇为女科主事。

洪宣娇为了抨击男尊女卑的思想，以经义题《惟女子与小人难养也》，考才女的胆识和学识。应试 300 多名女子中，唯金陵妙龄才女傅善祥才思敏捷，引古论今，列举历代巾帼英雄的丰功伟绩，有力地批驳了"女子难养"的谬论。

这份卓有见识的试卷，博得洪氏兄妹的称赞。经评议，傅善祥成为太平天国女状元，也是中国历史上第一位女状元。

《金陵纪事杂咏》一书记载：天王赐以女状元傅善祥花冠锦服，骑高头骏马，跨街游行，鼓乐喧天，何等荣耀，天京官民争相观看。

傅善祥博古通今，受召入府，先后在天王洪秀全、东王杨秀清府里掌管内外政事文书，出谋献策，运筹帷幄，成为天王、东王得力的女谋士。

圆明园

圆明园

圆明园是清朝统治者为了享受豪华奢侈的生活在北京西郊建造的皇家夏宫。它是劳动人民用了 100 多年的时间，花费了无数的心血和汗水才建成的。它的建造可说是中西合璧：既有壮丽的宫殿，又有秀美的园林。宫内藏有无数的珍宝与艺术品。但是，1860 年10 月，它却遭到了英法联军的抢劫。抢劫之后，这些侵略者又将它付之一炬。

圆明园石狮子

1856 年，英国与法国分别借口"亚罗号事件"和"马神甫事件"向中国挑起了第二次鸦片战争。1857 年，英法联军占领了广州。1858 年 5 月，他们又北上天津，侵占了大沽炮台。急于息战的清朝统治者，被迫在 6 月分别与俄、美、英、法签订了《天津条约》。一年以后中国和英、法之间交换《天津条约》文本的时候，英、法两国军队再次北上。他们拒绝了清政府规定的由北塘进京的路线而去进攻大沽，被驻守大沽的清军给予坚决的回击。8 月，英法联军再次进攻大沽得手后，立即进逼通州。在通州，他们与中方的谈判破裂。10 月 5 日，英法联军借口中方扣押了他们的人开始进攻北京城。清军在侵略者面前兵败如山倒，侵略者更加有恃无恐。10 月 6 日，他们闯进了圆明园这座艺术宫殿。面对无数的珍奇财宝，他们一个个都惊呆了。英、法军官率先抢劫，然后又纵兵自由掠夺。

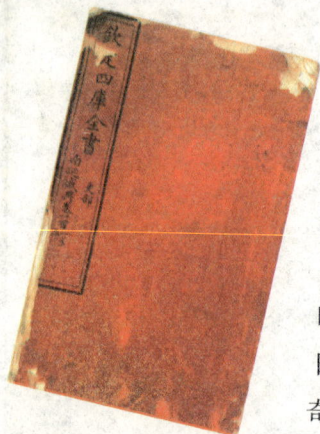

圆明园《四库全书》劫后本

参加抢劫圆明园的"每一个士兵口袋里有了二万、三万、四万甚至一百万法郎"。劫后的圆明园，已经面目全非，能拿走的东西都被侵略者拿走了，拿不动的都被侵略者毁掉了。为了掩盖英法军人的罪恶行径，侵略者在6日和8日两次焚烧圆明园，大火延续了几个日夜。

今天，我们漫步圆明园遗址时，虽已见不到100多年前的那种惨状，但那些尚存的残垣断壁、乱石孤柱似乎仍在向人们诉说着英法联军的罪恶。

🔺 圆明园残桥

戊戌变法

戊戌变法是资产阶级改良派在1898年发动的一场政治改革运动。因为这一年是旧历戊戌年，所以叫"戊戌变法"。甲午战争后，民族危机空前严重，要求维新变法的呼声日趋高涨。

🔺 梁启超

🔺 康有为

🔺 谭嗣同

1898年6月11日，帝颁布诏书，实行变法，在康有为等维新派的帮助下，先后颁布几十条变法诏令。新法的内容归纳起来有以下几方面：在经济方面，保护农工商业，设立农工商局，修铁路，开矿山，设立全国邮政局，裁撤驿站，改革财政，编制国家预算等。在文教方面，改革科举制度，废八股，改试策论；设立学校，开办京师大学堂；设立译书局，翻译外国新书；允许自由创立报馆、学会；派人出国留学、游历。在军事方面，训练海陆军，陆军改练洋操，裁减

旧军，推行保甲，等等。在政治方面，删改法规条例，裁汰冗员，取消闲散重叠的官僚机构，准许旗人自谋生计；广开言路，准许百姓向朝廷上书等。新法的颁布有利于中国资本主义的发展和西方科学技术的传播，有利于资产阶级思想的传播。

然而，新法触犯了以慈禧太后为首的顽固派的利益，遭到他们的极力反对。6月15日，慈禧迫使光绪下令，免去赞助变法的户部尚书翁同龢的职务，任命亲信荣禄为直隶总督，统率北洋军队，控制北京和天津。同一天，慈禧还迫使光绪下令，授任新职的二品以上大臣，须到皇太后面前谢恩，借以把持用人大权。光绪也给予了反击，下令将抗拒变法的西太后的亲信礼部尚书、侍郎怀塔布等六人全部罢官，同时破格提拔维新骨干谭嗣同、刘光第、杨锐、林旭等人以四品卿衔任军机处章京。慈禧对此怒火中烧，急派荣禄调兵遣将到京津一带，准备发动政变。由于维新党人和光绪皇帝既无群众支持，手中又无一兵一卒，情况非常危急。绝望之时，谭嗣同密访袁世凯，要他保护光绪帝。袁世凯表面答应，暗中却向荣禄告密。

9月21日，慈禧太后等发动政变，囚禁了光绪帝。太后宣布"亲政"，下令搜捕维新派，废除变法法令。康有为、梁启超事先得到消息，逃到国外。谭嗣同不愿逃走，慷慨表示：甘为变法流血牺牲。不久，谭嗣同、刘光第、林旭、杨锐、杨深秀、康广仁被逮捕杀害。戊戌变法以失败告终。

光绪帝大婚图

《仁学》
谭嗣同立志变法图强，并为之献出了生命。他反对封建专制，认为"上权太重，民权尽失"，但在行为上仍然是帮助皇帝变法，对皇帝存有幻想。这就是仁礼思想教育出来的中国知识分子的悲剧所在。

黄花岗七十二烈士营葬始末

1911年4月27日，孙中山和黄兴领导的同盟会发动了英勇悲壮的广州起义。清朝广东当局出于对同盟会党人的仇恨，诸烈士壮烈就义后，一直不让亲友收尸，让烈士忠骸暴于野外。直到5月1日，清吏才允许各善堂出面收殓烈士遗体。次日方使医院派人收殓，共得遗骸72具。这些牺牲的革命党人"剪发辫者最占多数，未剪辫者不过十分之三"，且铁铐手镣相连。由100多名仵工花了一天的时间，才将部分忠骸的铁索解去后入殓。

⬤ 黄花岗烈士墓

起初，清吏拟将诸烈士葬于东门外丛葬犯人的"臭岗"。同盟会员潘达微得知消息后，至广仁善堂见各善董说："诸义士为国捐躯，纯为国民谋幸福。彼此均国民一分子，如是藁（gǎo）葬，心奚怎安？且慈善事业，不计谁是谁非，施棺施地，应惟义之所安。"各善董听了之后，也十分同情，徐树棠当即表示：诸烈士皓皓侠骨，自不能与犯人同葬一所。并当即献出广仁善堂位于沙河马路旁的红花岗作为葬地。

自七十二烈士葬红花岗后，潘达微以"红花"虽艳，却不如"黄花"斗霜傲雪，觉得"黄花"之风骨更能表现烈士精神，便将"红花岗"改为"黄花岗"。从此，"黄花岗七十二烈士"的英名广为流传，永垂青史。

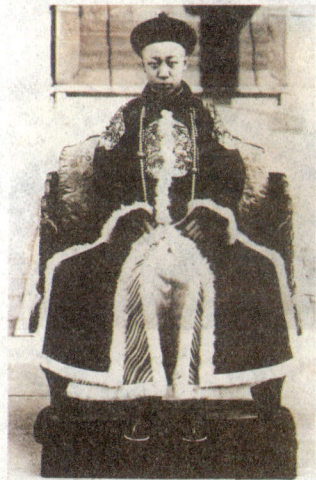
⬤ 末代皇帝溥仪
溥仪于1908年11月即位，由其父淳亲王载沣摄政。1912年2月退位。

孙中山创建民国

1894 年 11 月，在美国夏威夷州的檀香山，有 20 多个华侨青年常聚集在一起议论国家大事。这天，他们听刚从国内来的孙文讲着甲午战争的失败情况，都痛恨日本侵略者的凶残和清朝政府的腐败无能……他们决心采取行动，组织起秘密的革命团体，准

△ 黄埔军校，全名黄埔陆军军官学校，是一所中华民国的军事学校，培养了许多在抗日战争和国共内战中闻名的指挥官。

备进一步开展反清救国斗争。这个团体就是"兴中会"，创始人孙文也就是孙中山。

兴中会成立后，先后发动广州起义、惠州起义，但都失败了。1905 年，孙中山、黄兴、蔡元培把兴中会、光复会和华兴会等联合起来，组成中国同盟会，孙中山被推选为总理，通过了"驱除鞑虏，恢复中华，创立民国，平均地权"的政治纲领和民族、民权、民生的"三民主义"，创办《民报》。以后又发动过多次起义，虽然都没有获得成功，但

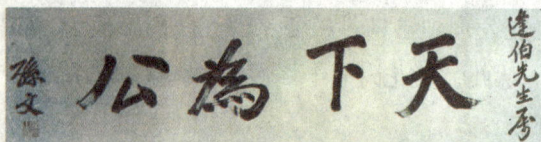

天下为公

驱除鞑虏
恢复中华
创立民国
平均地权

却鼓舞了全国人民反清救国的斗争热情。

1911年10月10日，革命党人在武昌又发动起义，这场斗争得到了革命官兵和广大群众的热烈响应，各省纷纷宣布独立，清朝政府终于被推翻了，在我国延续了两千多年的封建帝制宣告结束，代之而起的是共和制的"中华民国"。孙中山被推选为中华民国临时大总统。

辛亥革命的第一枪

1911年10月10日，武昌革命官兵首举义旗，打响了辛亥革命的第一枪。

1911年9月24日，湖北的革命团体文学社和共进会联合组成领导起义的机构，定于10月11日举事。可是10月9日，革命党人在汉口制造炸弹，不慎暴露。清朝湖广总督下令大肆搜捕，起义指挥机关遭到破坏，革命党30余人被捕。

▲ 辛亥红楼

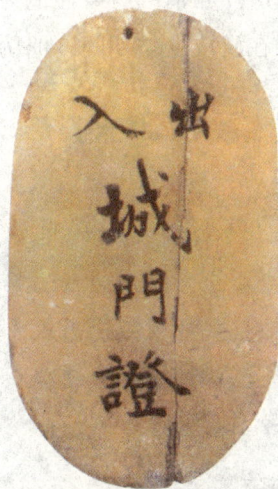

由于形势紧迫，起义指挥部决定提前在9日晚12时发动起义。但因命令没能下达，发动未成。

10月10日清晨，总督命令继续搜捕革命党人。新军工程第八营总代表熊秉坤见情况紧迫，便当机立断，召集起义的骨干们开会，商定当晚7点钟动手。

将近晚7点的时候，工程营第二排排长陶启胜出来查哨。因为这个家伙异常反动，所以起义之事未让他知道。他来到本排营房时，见士兵们情绪振奋、跃跃欲试的样子，不禁满腹狐疑。于是他溜到正在擦拭枪械的士兵金兆龙、程正瀛身旁，厉声斥问道："你们图谋不轨，要造反吗？"又凶神恶煞地扑向金兆龙。金兆龙猝不及防，被扭翻在地。程正瀛一看情势危急，大喝一声："住手！"随即一扣扳机，向陶启胜打了一枪。这一枪没有命中，陶启胜慌忙跳墙遁去。金兆龙纵身而起，高举着步枪喊道："反了吧！"就这样，一枪开始了具有伟大历史意义的武昌大起义。经过一个通宵的殊死拼搏，革命军占领了武昌。接着，不可阻遏的革命浪潮，以排山倒海之势，向全国卷去……

▲ 孙中山雕像

做了 83 天皇帝的袁世凯

▲ 袁世凯

在中国近代史上，有一个仅做了 83 天皇帝，就在亿万人民大众的声讨和唾骂声中被迫退位的人，他就是被后人称为窃国大盗的袁世凯。

袁世凯是河南项城人，曾长期追随李鸿章，不断受到李鸿章的提携。1897 年清政府委任他为直隶按察使，训练新军。在戊戌变法期间，他伪装赞成变法，在骗取变法派的信任以后，又向慈禧太后告密，血腥镇压了变法。武昌起义以后，他以镇压起义为由，控制了清政府大权。他一面从军事上进攻武昌革命军，另一方面又与领导武昌起义的同盟会进行谈判，并以迫使清帝退位为条件取得了同盟会部分上层人物对他的好感。孙中山

▲ 袁世凯统治时期的大洋

对袁世凯的野心一时也没有看清。1912年2月，孙中山向南京临时政府参议院提出辞去临时大总统职务，并推荐袁世凯为大总统。

袁世凯掌权以后，立即抛弃了倾向革命派的虚伪面目，与日本政府签订了丧权辱国的"二十一条"。在日本政府的支持下，他暗杀了国民党领袖之一宋教仁，镇压了由黄兴、李烈钧等领导的江西等四省联合发动的讨袁革命。在得到帝国主义支持和镇压了国民党人的反抗以后，袁世凯已不满足于大总统的职务，开始垂涎封建皇

🔻 袁林
在河南安阳，是袁世凯墓葬所在地。

帝的宝座。他先是将大总统无限期连任，又鼓动一部分亲信大造舆论，散布"共和制度不适于中国""君主实较民主为优"，要求变民主政体为君主政体，继而又让亲信在各地选出"国民代表"，举行"国体投票"，一致拥戴袁世凯为"中华帝国皇帝"。袁世凯欣然表示同意，接受百官朝贺，大加封赏。他下令从1916年起取消中华民国年号，改为"洪宪元年"，准备正式登上皇帝宝座。

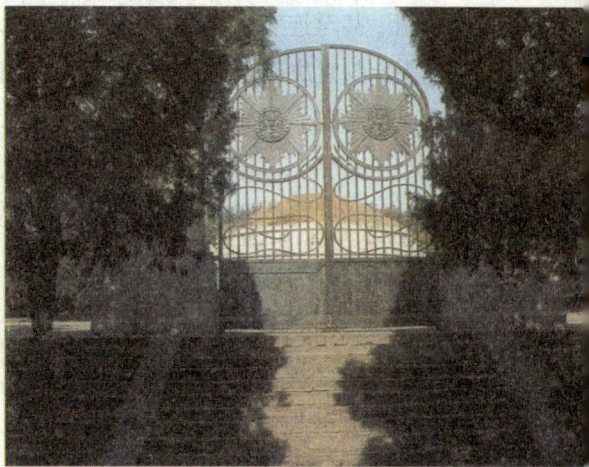
🔻 民国时期的纸币

袁世凯的称帝复辟活动遭到了全国人民的强烈反对。以梁启超为首的进步党人公开宣布与袁世凯决裂，蔡锷、唐继尧、李烈钧等将领联合宣布云南独立，并组织护国军，通电讨袁，贵州、广西、广东、浙江、四川、湖南等省也相继独立。北洋军阀内部也出现了分化。袁世凯的两员心腹大将段祺瑞和冯国璋在举国一致的讨袁声中，也联合要求取

消帝制；甚至连袁世凯最信任的忠实鹰犬四川将军陈宧、湖南将军汤芗（xiāng）铭也表示与袁决裂。在众叛亲离的状况下，袁世凯既无力镇压护国军，又难以维护自己的帝位，被迫于 1916 年 3 月 22 日取消帝制，并废止"洪宪"年号，仅做了 83 天的皇帝。下台后的袁世凯仍要做大总统，但护国军和各阶层坚决要他下台，并宣布他为"民族罪人"。袁世凯在人民群众的一片声讨声中一病不起，于 1916 年 6 月 6 日结束了自己的一生。

世界历史

美索不达米亚和苏美尔

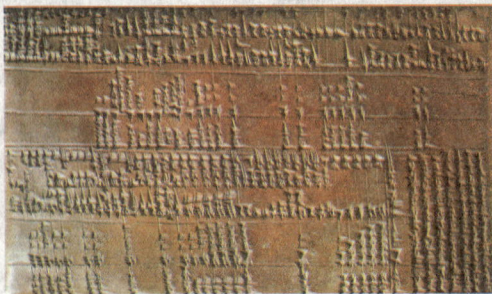

楔形文字

大约在5500年前，苏美尔人出于记录神庙事务和商人记账的需要发明了文字。苏美尔人的文字因其笔画形状像楔子而被称为"楔形文字"。苏美尔人用芦苇作笔把字压在湿泥板上，再把写好字的泥板放在太阳下晒干。苏美尔"档案馆"有几百块泥板文字，他们为后人了解当时的生活提供了宝贵的资料。

世界上最早的文明发祥于底格里斯河和幼发拉底河之间肥沃的平原。这片土地位于现在的伊拉克，在当时人们称它为"美索不达米亚"，意思是"两河之间的土地"。大约公元前5000年，一群苏美尔人在美索不达米亚南部定居了下来。

尽管那里的气候炎热干燥，但这片肥沃的土地却非常适宜种植庄稼，人们学会了修建灌渠，利用河水灌溉土地。开垦出来的土地越来越多，粮食也越种越多，人口随之增长。到公元前约3500年，最初的小村子已经发展成为繁华的城镇和城市。一些大一点儿的定居点如乌尔和乌鲁克，首先发展成了城市，然后是独立的城联邦。贵族会议则控制了这些城市。

战争期间，会议任命一名卢伽尔（即将军），由其统帅军队。随着敌对城市之间的战争越来越普遍，卢伽尔的权力也越来越大。从公元前约2900年开始，卢伽尔成为国王，并且终身统治。

每一座城市的中心都有神庙，神庙里供奉的是城市的庇护神。人们相信神统治着自然界的一切以及他们的日常生活，所以遵从神的旨意并让他们高兴是极为重要的。人们每天都要为庙里的神灵上供，否则神就会怪罪，为人间带来战争、洪水和疾病。

苏美尔人精通数学和天文学。他们有两个计数系统。一个是十进位计数系统，这个系统一直沿用到今天。另一个用60作为一个单位，计算时间和圆面积。苏美尔人最早把一个小时划分成60秒。他们还发明了日历和复杂的法律系统，把制陶的轮子改造成运输用的车轮。他们最伟大的成就是在公元前约3500年发明了文字。

古代埃及

古埃及军队作战情形

尼罗河是埃及的生命之河，没有它，古代埃及将是一片荒凉的沙漠。因为埃及极其干燥，古埃及人依靠尼罗河供给饮用水和灌溉土地，尼罗河每年泛滥一次，它两岸的淤泥也因此变得非常肥沃。

埃及的农民种植小麦和燕麦（做面包和啤酒）、亚麻（织亚麻布）、水果和蔬菜。他们还饲养牛、绵羊和山羊。希腊历史学家希罗多德把埃及称作"尼罗河的礼物"，可见尼罗河对于埃及的重要性。

古代埃及最早的村庄出现在大约7000年前。在那个时候，这些小的定居点形成了两个王国：尼罗河三角洲的下埃及和尼罗河流域的

金字塔

上埃及。上埃及的统治者美尼斯统一了这两个王国，定都于孟斐斯。美尼斯建立了第一王朝（古代埃及的第一个王朝）。国王是古代埃及最有权势的人，被

古埃及壁画：《沼泽捕猎图》
猎人让训练有素的猎猫出击，使纸莎草丛中的鸟惊飞起来，再投矛袭击。

认为是何露斯在人间的化身，人们都很崇拜他。从公元前约1554年开始，国王被尊称为法老。法老一词来源于埃及语"peraa"，意思是"大房子"。为了保持皇家血统的纯净，法老通常只与近亲如他的姐妹或有血缘关系的姐妹通婚。法老通

埃及壁画

常任命两个维西尔（即宰相）帮助他统治国家和征税。国家划分成了 42 个州，由州长代表国王统治。再下面还有掌管国家财政、皇家工程（监督金字塔和其他工程的修建）、粮仓、家畜和外交等部门的官员。埃及生活的方方面面都在法老的统治之下。

米诺斯

米诺斯皇宫遗址

米诺斯文明是欧洲最早的重要文明。它始于希腊克里特岛，并以它的传奇统治者米诺斯国王的名字命名。它在约公元前 2000 年达到鼎盛。

米诺斯具有丰富而灿烂的文化和繁荣的经济。商人足迹遍及整个地中海地区，他们用岛上出产的葡萄酒、谷物和橄榄油换回来诸如琥珀、象牙和贵重金属一类的奢侈品。每个大一些的米诺斯城镇都建有一个金碧辉煌的王宫，里面可以容纳几百甚至是几千人。宫殿除了是皇家居住地，还是一个贸易中心，货物可以储藏在这里，等待出口。皇宫里面还有神祠、作坊以及官员住房。但是公元前 1450 年以前，地震或火山爆发毁坏了这些宫殿中的大多数。后来，克里特被迈锡尼人占领。

迈锡尼

大约从公元前 1600 年开始到公元前 1100 年，迈锡尼人统治了希腊大陆。尽管迈锡尼人语言相通、信仰相同，而且都是以他们最伟大的城市迈锡尼命名，但他们却居住在一个个独立的小王国中。

迈锡尼人把他们宏伟的王宫建在山顶上，围墙用巨石建成。这种建有防御

迈锡尼金制面具

考古学家谢里曼认为这个面具的主人就是迈锡尼传奇国王、特洛伊战争的英雄——阿伽门农。

设施的城市叫做卫城，在希腊语中是"高城"的意思。这些防御工事使得城市易守难攻。迈锡尼社会以农业和商业为基础，并在罗得和叙利亚设点。他们似乎拥有众多英勇善战的勇士，因为在迈锡尼国王和贵族的墓穴中发现了很多的铠甲和武器。

在 1876 年，德国考古学家海因里希·谢里曼开始挖掘由石板围成的圈墓，它们恰好就在迈锡尼的城墙内。在这个圈墓

迈锡尼壁画

画于公元前13世纪，画面是驴头怪物。

内，他有了一个惊人的发现：在深埋在地下的五个圈墓内，共有 16 具迈锡尼皇室成员的尸体，其中五人的脸上均戴着精美的金制面具。死者旁边放着大量的金银财宝，包括剑、高脚杯、皇冠和项链，这些都是死者生前用过的。

腓尼基人

腓尼基人是古代最伟大的商人和航海家。他们居住在地中海东岸（现在的叙利亚、黎巴嫩和以色列的一部分）。他们在约公元前 1500 年时建立了当时最伟大的港口城市蒂尔和西顿。这两个城市成为腓尼基四通八达的商贸中心。

腓尼基人的足迹遍及整个地中海，向西他们甚至到了英国，向南到了非洲海岸。他们主要做玻璃器皿、木材、雪松油、紫色染布和象牙生意。他们在返回时带回银、铜和锡。雪松木和油是他

腓尼基人中杰出的军事将领——汉尼拔

腓尼基文字

们出口商品中最贵重的（据说用于建耶路撒冷所罗门庙的木材就是来自蒂尔）。腓尼基人就是以蒂尔最著名的出口产品——一种用贝壳为原料制成的紫红色染料而命名的，这种染料在希腊语中叫腓尼。

一些腓尼基商人还在许多大城市建立了商贸殖民地，如非洲北部的海滨城市迦太基（现在的突尼斯）。迦太基在约公元前814年建成，它一直是地中海西部强国，甚至在腓尼基被占领以后的很长一段时间里仍保持强盛。

腓尼基人成功的秘诀在于他们高超的航海技术。他们用松木作为原料制成各种大船：狭长而快速的战船，宽大而结实的商船。储藏在泥罐中的货物被小心地捆扎起来放在甲板下。船的龙骨很重。船既用船桨又用船帆，这样就增强了灵活性和速度。即使没有精确的地图和海图，腓尼基人——这些专业的航海家，凭借风和星星也能找到方向。他们于是声名大振。当埃及法老尼古二世在公元前600年决定派遣一支探险队去非洲时，他招募了一支由腓尼基人和迦太基人组成的舰队来实施他的计划。据说探险队花了三年的时间完成了任务。

汉谟拉比法典

在举世闻名的法国巴黎卢浮宫博物馆内，陈列着一部距今约4000年的法典，这就是《汉谟拉比法典》。它刻在一根高2.25米、底圆周长1.9米的椭圆形的黑色大石柱上，所以又称《石头法》。这部法典是公元前18世纪，由古代四大文明古国之一的古巴比伦王国的国王汉谟拉比主持制订的，1901年被法国和伊朗组建的联合考古队在伊朗境内发现。

汉谟拉比是古巴比伦王国的第六代国王，他在位

《汉谟拉比法典》

时是古巴比伦最强盛的时期。汉谟拉比用了35年的时间统一了两河流域（今天伊拉克境内的底格里斯河和幼发拉底河流域），建立了一个强大的奴隶制帝国。为了保护奴隶主阶级的利益和巩固政权，汉谟拉比从执政第二年起就开始制订法典，最终完成了这部法律史上的经典之作。

《汉谟拉比法典》对奴隶社会的阶级关系和经济关系作了全面系统的法律规定，内容包括司法审判、盗窃财产、伤害处罚、婚姻家庭、职业报酬，以及各种不动产的占有、继承、转让、租赁、抵押的权利和义务的规定和关于借贷、经商、债权的规定，特别是对奴隶问题制定了严格的法律规范。总之，法典内容几乎涉及了所有立法领域，是迄今所发现的人类历史上第一部比较完备的法典。

法典对奴隶制度的原则作出了详细的法律规定。例如，法典规定奴隶主可以任意出卖奴隶，转让和抵押奴隶；被抓到的逃亡奴隶应归还原来的奴隶主，抓获逃亡奴隶的自由民要受到奖励，窝藏逃亡奴隶的要被处死；理发师若剃去奴隶头上的标志要被截断手指；奴隶如果不服从主人的命令，奴隶主可以割去他的耳朵；如果有人伤害了奴隶的眼睛或骨头，只需要赔偿其一半的价钱；奴隶的身价相当于一头牛的价格。

另外，法典还对奴隶社会的法权关系作了规定。例如，法典规定，农民租种果园要交纳收成的2/3，租种土地要交纳收成的1/2。高利贷的利息，放谷物的按1/3取息，放银子的按1/5计息；借债要有人质，如果人质原来就是奴隶，债主可以将其任意转卖，如果人质是自由民，要为债主服役三年，这也就是债务奴隶。

总之，《汉谟拉比法典》反映出了古代巴比伦人高超的立法水平。它在许多方面比许多较晚的古代法典还要全面；从精密度看，也大大超过了古罗马的《十二铜表法》。

古巴比伦

古巴比伦最初在国王汉谟拉比（公元前 1792 年—公元前 1750 年）的统治下逐步强大起来。在这之前，古巴比伦只是分布在美索不达米亚的一些小王国之一。汉谟拉比征服了许多王国，扩大了古巴比伦的版图，并将苏美尔和阿卡德包括其中。

▲ 巴比伦遗址

古巴比伦城中有许多宏伟的庙宇和宫殿，成为新帝国的首都。

汉谟拉比是一位公正而善于外交的统治者。他的著名法典是现存最古老的法典。法典被记录在陶碑及石柱上以便让所有的人看到。在他死后，古巴比伦开始衰败，先后遭到赫梯人、喀西特人、迦勒底人和亚述人的入侵。亚述国王辛那克里布在公元前 689 年捣毁古巴比伦城。但在公元前 6 世纪，国王尼布甲尼撒二世在位期间，古巴比伦重振当日雄风。这位国王征服了巨大的帝国，他大兴土木，修建了古

▲ 古巴比伦塑像"乞求者"

代最繁华、最壮观的城市。古巴比伦在公元前 539 年最终被波斯人所灭，成为强大的波斯帝国的一部分。

古代希腊

● 希腊人物石膏像

约公元前 800 年，希腊文明开始崛起，它改变了古代世界，它的影响甚至一直延续到了今天。古代希腊由一些小的独立城邦组成。每一个城邦都拥有自己的政府和法律制度。雅典和斯巴达是两个最重要的城邦。

大多数的城邦是在一群富有的贵族即寡头组织的统治之下。人们对统治阶级的不满导致了变革。绝对的统治者，又称为独裁者，接受任命并开始恢复法律和秩序。约公元前 508 年，雅典引进了一种新型政府——民主政治，意为"由人民统治"，它赋予城市男性公民对城市运作的发言权。许多现代国家至今还把这种形式作为他们政府的基础。

希腊的古典时期（希腊文化的鼎盛时期）从约公元前 500 年持续到前 336 年。在这一时期，希腊卷入了两场大的战争——与波斯的一系列战争（公元前 490 年—公元前 449 年）和伯罗奔尼撒战争（公元前 431 年—公元前 404 年）。波斯人在公元前 490 年入侵希腊，希腊城邦联合起来共同反抗入侵者，并成功地打败了波斯人。其中最著名的一场战役发生在公元前 490 年的马拉松。一个叫菲迪皮德斯的信使跑了 40 公里将希腊胜利的消息送回雅典，马拉松比赛由此诞生了。但是希腊刚刚获得的安全并没有持续很长时间。雅典与斯巴达之间的关系开始恶化，公元前 431 年，他们之间爆发了战争。伯罗奔尼撒战争持续了 27 年，国家因此而四分五裂。

在斯巴达人包围雅典之后，雅典人饥饿难耐，

▲ 年轻的斯巴达人

被迫屈服。公元前404年，雅典被迫投降。雅典从此再也没有从它的失败中恢复过来。

斯巴达人的生活与雅典人截然不同。他们生活的目的是训练斯巴达人成为无畏的战士，随时保卫斯巴达，以免遭受外敌入侵，同时控制本国的人口。每一个斯巴达的男人都要为战争而训练。男孩子从七岁开始就被送到军营。在那里，严格的纪律和艰苦的条件使

波斯人的战车

他们成为希腊最凶悍的斗士。女孩子们也可以参加体育活动，以便变得强壮和健康。但希腊其他地方的人却对斯巴达人的这种做法嗤之以鼻。

世界最早的民主制度

古希腊是西方奴隶社会时代的开端，是西方政治思想的发祥地，雅典则是希腊众多城邦中突出的一个。它位于希腊东南部的阿提卡，这个地区是个环爱琴海的海湾半岛，面积2000多平方千米，离海不远的冈岩上有个卫城，雅典城即建于此。雅典土质贫瘠，雨量不丰，气候条件较差，农业不很发达。但面对宽阔的大海，可以从事航运与商业，因此产生了许多商人。商品经济也对政治思想的形成、发展产生了间接影响，

伯利克里

雅典以其民主政体享誉古代世界。

雅典原在爱奥尼亚国王统治下，由于贵族专横，人民负担很重，许多人因负债而变成奴隶，于是有梭伦（公元前594年）及其后继者的改革，他们颁布宪法，使雅典逐渐走上民主政治的道路。公元前5世纪，雅典的社会制度完全确立，阿提卡居民被分为公民、外侨、奴隶三种。

希腊古建筑遗址

雅典的公民可以参与民主政治生活，所有公民之

▲ 雅典公民大会

间，权利与机会均等，有选举、被选举权，其主要责任就是从政与作战。在雅典的权力机构中，公民大会是最高权力机关，凡年满 20 岁的男性公民都可参加公民大会，并在会上发言、选举、投票，以制订法律、讨论决定国家大事、选举一切官吏。公民大会的常设机构为"500 人会议"，其代表是由 10 个按地域划分的部落中各选出的 50 名代表组成。会议公开举行，所有公民均可参加旁听。"500 人会议"主要为公民大会准备议案，执行公民大会决议，管理财政与接待外国使节等，实际上起着雅典政府的作用。雅典当时还设立了民众法庭，也叫陪审法庭。它由各个地域部落选举出的 600 名代表组成，比现代西方陪审团的规模要大得多。民众法庭可就每项罪案进行表决。另一个同样拥有司法权的机构是元老院，又称贵族会议，是由卸任的执政官组成。元老院起初权力很大，但经梭伦、克利斯提尼、伯利克里改革后，权限日益缩小，而公民大会则成为真正的国家最高权力机关。

当时领导雅典军队的是由选举产生的"十将军委员会"，这些将军可连选连任。另外，当时雅典还有 9 名执政官，其中 6 人为司法官，另外 3 人负责祭祀、节日等事务。上述各机关任职人员皆可得到来自关税、国有矿山收入、盟邦贡赋等的国家津贴，以便他们悉心为全体公民利益服务。雅典民主制最大的特点就在于直接民主，公民可直接参与政治生活。它的传统一直影响到后世。即使就当时而言，雅典民主制仍有相当的局限性。因为雅典公民资格极严，必须父母双方都是雅典人，奴隶、妇女、外侨都被排除在外。而雅典男性公民仅占总人口的 1/7 不到，因此，它的民主政治范围是极其狭隘的。

▲ 特洛伊战争遗址

希腊文化

△ 苏格拉底被处死

在 2000 多年以前，当希腊成为罗马帝国的一部分之后，希腊文明也随之结束。但是希腊文明在政治、哲学、艺术、建筑、语言和文学上对罗马文化产生了巨大的影响，而且这种影响至今还能感觉到。我们现在使用的语言、科学和艺术上的许多观点都来自古希腊。

古希腊人中有许多都是伟大的学者、思想家和教育家。最初，他们用神话故事来回答生活和自然中的问题。后来，他们开始寻找一种更切合实际和更科学的方法来感知他们周围的世界。这样的学者就是我们所说的哲学家，意思是热爱知识的人，他们研究生活的各个方面。

在希腊人的生活中，戏剧和体育占有非常重要的位置。希腊的戏剧与酒神狄俄尼索斯有关。在每年的酒神节，一支由男人组成的合唱队都要唱歌跳舞以示庆祝。希腊戏剧就是由此发展而来的。起初他们只是在市场上表演，后来希腊各地修建了许多露天剧院。

体育不仅是一种娱乐活动，而且能够让人们为战争而保持健壮的体魄。运动员可以参加许多体育赛事，有地区性的，也有全国性的。其中历史最悠久也是最著名的就是为纪念宙斯而每四年举行一次的奥林匹克运动会。在举行运动会的五天时间里，各城邦之间达成休战协议，以便让运动员安全通过，到达奥林匹克。运动员在运动会的前几个月就开始训练。比赛纪律严明，如有犯规，就会受到严厉的惩罚。但是对于胜利

△ 希腊学者辩论图

者来说，这一切却都是值得的。虽然奖品只是一个用圣树枝子做成的橄榄王冠，可在家乡等待他们的却是英雄般的欢迎仪式、英雄的名声和相应的财富。

亚历山大大帝

在伯罗奔尼撒战争之后，希腊陷入了分裂状态。在分裂和混乱中，希腊西北部马其顿的悄悄崛起并没有引起人们的关注。马其顿利用形势之便控制了希腊。

公元前359年，腓力二世当权，他统一并扩张了王国，重新组织了军队，并将马其顿改造成当时最强大的军队。在公元前338年的喀罗尼亚战争中，腓力的军队控制了希腊，把希腊人和马其顿人联合起来共同反对强大的波斯人。公元前336年，腓力遭暗杀。他20岁的儿子亚历山大继承了王位。作为领袖和将军，亚历山大比他的父亲更加杰出，亚历山大仅花了13年的时间就建立了一个巨大的帝国，从西部的希腊一直到东部的印度。这是古代历史上最大的帝国之一，并将希腊文化传播到更远的地方。

▲ 亚历山大大帝雕像

公元前334年，亚历山大率领他的军队与波斯人开战。战争的目的不仅是要攻占他们的地盘，而且还要掠夺他们的财宝来补充自己的国库。公元前333年，他在伊苏斯一战中打败了波斯国王大流士三世。公元前331年之前，他已经攻占了整个波斯帝国，并成为波斯国王。为了加强两个民族之间的联系，亚历山大让波斯人进入他的政府，他还穿波斯人的服装，并与一位波斯公主罗克珊结婚。亚历山大继续入侵印度，在海达斯佩斯河一战中打败波拉斯国王。这是他最后的一次远征。他的军队精疲力竭，拒绝继续前行，亚历山大被迫撤回古巴比伦。公元前323年，年仅

▲ 亚里士多德
亚历山大一世少年时曾拜希腊哲学家亚里士多德为师。

32 岁的亚历山大因高烧死于巴比伦。在他死后，他的将军为争夺王位展开斗争，并最终导致了帝国的分裂。

罗马的兴起

传说罗马城在公元前 753 年由两个孪生兄弟罗穆卢斯和瑞摩斯建立。他们邪恶的舅舅将他们遗弃在意大利中部的台伯河岸，兄弟俩被一只母狼救起，并由牧羊人抚养成人。

为了报答母狼，罗穆卢斯和瑞摩斯发誓要在帕拉蒂尼山——母狼发现他们的地方为它建一座城市。兄弟两人因为这座城的边界问题发生了争吵，罗穆卢斯杀死了瑞摩斯而成为罗马的第一位国王，并以他的名字命名了罗马。罗马一开始只是一个不起眼的小村庄，是罪犯和逃跑的奴隶聚集之地，经过不断的发展，罗马慢慢地成为西方世界有史以来最强大帝国的首都。

▲ 角斗场遗址

罗马从罗穆卢斯开始，一直是在国王的统治之下。公元前 509 年，国王塔克文纽·苏佩布被驱逐出罗马，从那以后的 500 年，罗马成为共和国。贵族组成的立法机构掌管着国家大权，议院每年选举一次，选出两个执政官，统管议院的事务和军队。到公元前 50 年，罗马已统治了地中海周围的大多数土地。但并非一切进展顺利。军事将领之间的斗争，以及富人和穷人之间的紧张局势，让罗马陷入了一场血腥的战争之中。这个古老的共和国崩溃了。公元前 27 年，尤利乌斯·恺撒的养子屋大维成为罗马帝国的第一位皇帝，他恢复了罗马的和平与稳定。在皇帝的统治下，罗马达到鼎盛，统治了欧洲的大部分、北非和近东地区。

罗马社会

▲ 恺撒

罗马帝国的扩展和成功令人感到不可思议，这在很大程度上要归功于它的军队。罗马帝国拥有当时装备最为精良、训练最为有素的军队。

罗马军队在其组建之初只是为了保卫罗马城，其中的士兵大多数都是志愿兵。后来身为大将军及执政官的马略（公元前155年—公元前86年）重新组建了军队，将其改造成了一支纪律性更强、效率更高的战斗力量。他给士兵发放军饷，使其参军时间可长达20年至25年。对于许多有着良好家庭背景的青年，军队为他们将来辉煌的政治生涯提供了基石。

普通的士兵以军团为单位分成了组，每一个军团由大约5000人组成。军团又被分成了更小的单位，有80人组成的百人队，由百人队队长指挥。这支训练有素的罗马军队，在饰有银鹰（朱庇特的标志，众神之王）标志的旗帜指引下冲向战场的情景，确实让罗马的宿敌胆战心惊。

罗马社会分为罗马公民和非罗马公民。罗马公民又分为三个等级：最富有和最有权势的贵族阶层，富有的商人组成的骑士阶层，普通市民或"平民"组成的平民阶层。所有的罗马公民都享有投票权，可以参军。他们还可以穿宽松的长袍。非罗马公民，包括那些居住在外省的罗马管辖范围之内的人和奴隶。奴隶没有权利也没有地位，他们属于富有的市民或政府。他们做着最艰苦、最肮脏但又是罗马帝国离不了的工作。很多奴隶遭受非人的待遇，而有的却待遇良好，甚至可以得到工资，这样他们最终就可以赎回他们的自由。大多数的上层罗马人都投身政界或参军。贫穷一些的罗马人就做农民，或者开店铺、充当工艺人。奴隶从事最艰苦的体力劳动，如建筑、采矿等。

▲ 古罗马社会各阶层人民

拜占庭帝国

在500多年的时间里，古罗马帝国的疆域逐渐扩大，它独特的生活方式也延伸到这些地方。476年，帝国的西部陷落到入侵的日耳曼部族手中。但是，东半部还在罗马人的控制下，帝国建都拜占庭，史称东罗马帝国或拜占庭帝国。

古希腊港口城市拜占庭（如今是土耳其的伊斯坦布尔）是东罗马帝国的中心。罗马人以东罗马帝国第一位皇帝的名字君士坦丁命名这个城市为君士坦丁堡。该城市成了东罗马帝国历任皇帝的建都宝地，同时成为东正教的中心。拜占庭帝国保留着古希腊和古罗马的文化和学术。拜占庭人特别推崇诗歌、音乐和艺术。他们的教堂里，例如君士坦丁堡的圣索菲亚大教堂，都装饰着极其复杂、精美的壁画和马赛克镶嵌图画，这些镶嵌图画由成千上万块小玻璃和石块组合在一起构成。拜占庭帝国在公元6世纪，查士丁尼大帝统治时期进入鼎盛时期。

🔺 罗马角斗场遗址

拜占庭将军贝利萨留率领军队取得了一个又一个战役的胜利，把国家版图扩大到包括今天的意大利、希腊、土耳其、西班牙大部分、北非以及埃及等在内的大片地区。

查士丁尼的皇后——戴杜拉，帮他一起统治着帝国。戴杜拉的权力有时不亚于她的丈夫。查士丁尼大帝在位期间颁布了一部法典，该法典成为日后许多欧洲国家立法体系的基础。

拜占庭帝国的大部分臣民从事农业，住在小村落里。商贩们在小镇里贩卖货物。君士坦丁堡是当时繁忙的港口，也是来自遥远国度，如中国、西班牙和俄罗斯等国的商人的集散地。

来自东方的好战民族——汪达尔人、斯拉夫人、保尔加人等，威胁着罗马帝国。查士丁尼的统治是皇权统治最后的繁荣时期。入侵民族一点一点地吞食着帝国的领土。565 年，查士丁尼大帝去世后，拜占庭帝国日益衰落下去。频繁的战事削弱了帝国的力量，拜占庭帝国最终于 1453 年落入土耳其人手中。

法兰克民族

476 年，西罗马帝国沦陷后，西欧各民族纷纷举兵加入到争夺权力、抢占土地的行列。法兰克民族是这其中最强悍有力的一个民族。

克洛维是法兰克民族的第一位伟大的领袖。在他统治时期，法兰克人的地盘日益扩大，沿莱茵河地区（今德国境内）发展起来。他们先后击败了与之相邻的各部落：西哥特人、勃艮第人等。到 540 年，他们攻占了古罗马帝国的高卢省（现在的法国，法国的国名即来自法兰克一词）大部分领土。克洛维歼灭了其他与之抗衡的酋长，统一了法兰克各部落，成为法兰克人的第一位国王。

🔺 查理曼大帝骑马青铜像

他所建立的王朝就以他的祖父——墨洛温的名字命名，史称墨洛温王朝，都城设在巴黎。国王通过控制大主教和派往各地的贵族统治着全国。贵族们大都拥有自己的庄园，雇佣着大量农奴在庄园里劳作。战争中，法兰克人用的武器是法兰飞斧和阔刀。法兰飞斧是一种可以扔出去再飞回来的弧形投掷手斧；阔刀是一种双柄宽刃剑。法兰克人的首领们随时都准备投入战斗中，以维护自己的庄园和土地，同时也为

土耳其建筑

了征服更多新的土地。头领的征服欲望促使贵族们不断增加庄园里奴仆的人数，以便有足够的人从军为其服兵役。为鼓励自己的人参军，贵族们赏赐给仆从土地——这就是封建制度的萌芽。法兰克王国内的家族势力日益膨胀，彼此间钩心斗角，竞相争宠。王权削弱，宫相当权。担任宫相的两大家族，为争夺法兰克王国的最高统治权进行了长期的斗争。

最后的胜利者是澳斯特拉西亚家族，这个家族的首领是赫斯塔尔的丕平。在他的率领下，澳斯特拉西亚家族把诺伊斯特里亚家族赶出了统治阶层，丕平取得统治地位。他领导着法兰克人继续扩张。后来丕平的儿子——查理·马尔泰尔（人称"大锤"）于732年，在普瓦蒂埃战役中，一举击败了穆斯林入侵者的进攻。这个历史事件标志着加洛林人成了基督教的捍卫者。自此，基督

教开始支持加洛林人。查理·马尔泰尔虽名为宫相，实际上却掌握着国家大权。这期间，由于在普瓦蒂埃战役中失败，阿拉伯人被迫退回欧洲中部，法兰克王国的版图继续扩张。到查理·马尔泰尔的儿子——矮子丕平统治时期，加洛林王朝正式建立。公元754年，教皇给矮子丕平施涂油礼。他是法兰克历史上第一位由教皇施涂油礼的国王。但法兰克最伟大的统治者却是矮子丕平的儿子——查理大帝。

查理曼帝国

法兰克国王查理一世就是赫赫有名的查理大帝（又称查理曼），他建立了神圣罗马帝国，他还是人们心目中理想的统治者，至今仍享有盛誉。

△ 查理曼接见立奥三世

查理曼生于742年，他的祖父是著名将领查理·马尔泰尔，父亲是矮子丕平。矮子丕平是法兰克新统治家族（即后来的加洛林王朝）的奠基者。768年，矮子丕平去世，他把帝国分给他的两个儿子：卡罗曼和查理曼。卡罗曼死后，查理曼成为帝国的唯一统治者。

查理曼是典型的日耳曼人：个头很高、性情爽快、乐天知命。他从骁勇的骑士出身的父亲那里学到了很多东西。曾亲率大军，征服了法兰西（法兰克人的故乡）邻近的许多地方，包括现在的荷兰、德国及意大利等地。查理曼是个基督教徒，他每征服一个地方，就强迫那里的非基督教徒接受洗礼，成为基督徒。德国的萨克森人和匈牙利的阿瓦尔人就是这样成为基督教徒的。

关于查理大帝，可说道的不只是发动战争这样的事，还有很多其他可称道的方面。他虽然没受过多少教育，却很推崇学术文化。

▲ 教皇为查理曼大帝加冕

查理曼帝国的首都亚琛，是帝国的政治文化中心。市内有辉煌壮丽的宫殿，那时就已经有了恒温游泳池。整座城市流光溢彩，非常气派。不过，皇帝本人却衣着朴素、饮食节俭。他会说希腊语、拉丁语，喜欢让人大声朗读文章给他听，而且还邀请知名学者，如约克学院的阿尔克温，到宫廷学院来讲学、培训老师、教授古罗马书法。

身为欧洲一代枭雄，在公元 9 世纪时，查理曼由教皇为其加冕，被称为"罗马人的皇帝"，从而其地位得以确立。914 年，查理曼死后，查理曼帝国因内部分裂、外国入侵，很快就衰弱下来，不久就分裂了。他的三个儿子各自统治一部分。可是，查理曼的经历却成为一种传奇，广为流传。他建立的神圣罗马帝国断断续续，一直到 1806 年才灭亡。应查理曼的儿子——虔诚者路易的要求，著名学者艾因哈德为查理曼写了生平传记。他的一生成为许多故事和文章的素材。例如，著名中世纪史诗《罗兰之歌》就是以他进攻西班牙之后，在撤退途中遭遇的伏击为主线构思而成的。

威金人

　　8 世纪末，来自现在的丹麦、挪威和瑞典等国家的一个航海民族，开始航行到海外去寻找新的家园，这些人被称为威金人（又译维京人）。这些威金人是欧洲最好的水手，乘坐着速度极快、适应能力极强的单帆多桨长战船。他们的所作所为往往跟海盗一样，所以又把他们称作北欧海盗。后来，他们逐渐在曾被他们掠夺过的国家定居下来，但他们仍然从事大量的海上贸易。后来，许多北欧海盗成了基督徒。爱尔兰的都柏林市和乌克兰的基辅市，都是这些北欧人建立的。而诺曼人则是定居在法国北部的北欧海盗的后裔（yì）。

　　北欧海盗到过很远的地方。商人们到过俄罗斯、波斯和地中海沿岸各国。他们用北方产的毛皮和海象牙等换取南方的丝绸和银器。他们像探险者一样，航海到了欧洲、冰岛、格陵兰和北美洲的纽芬兰。他们把纽芬兰称为文兰。

▲ 威金人

欧洲的封建制度

　　欧洲的封建制度是上层各阶级，以契约的形式定下来的产物。国家并没有多大的权力，实权都分散在以城堡为主的地方长官的手中。

　　在中世纪，手握大权的贵族或教会控制着国家土地，他们被称为领主。各级领主把自己的土地赏赐给他的附庸，即那些跟随他、为他出生入死的人。而各级附庸则宣誓要效忠自己的领主，为领主临敌作战、服兵役、替领主向居住在领主领地上的人收税。这是欧洲封建制度统治的核心内容。

公元8世纪，封建制度在法兰克有了一定的发展。继公元5世纪西罗马帝国灭亡后，欧洲连年战乱，局面混乱不堪。法兰克人认为，他们的首领有义务保护自己的士兵不受伤害，应该给效忠的士兵赏赐。首领和贵族控制着农民居住的土地，农民

13世纪身穿铁甲的骑士，出土于意大利佛罗伦萨

中世纪的骑士

无权拥有、更无权出租自己的土地，反倒要受控于这些贵族，并为其效力，以得到贵族的保护。这套体制在战乱时期倒不失为一种良策。

国王要依靠他的骑士的忠心和勇猛来维持他的统治，所以国王把大量的土地封给这些骑士，这样一来，封建制度也随之得到进一步发展。西班牙在法兰西之后也建立了封建制度，而十字军东征又把封建制度带到了东部地区。领有封地的领主各自为政，在他的领地上，他的话就是法律。一旦有战事，领主必须派兵参加国王的军队。不论附庸是级别较高的贵族，还是级别较低的农夫，封建领主都要对他们之间的争讼做出公正的审判。到13

"和平"与"希望"圣像

世纪时，封建制度开始解体，解体的原因之一是经济问题：人们开始更多地用钱代替义务，情愿交租子，也不愿自己被束缚在土地上服役。

公元 14 世纪，出现了十字弓、火枪、大炮等新式武器，这些武器的出现改变了以往的作战方式。用大炮可以摧毁城堡，弓箭能穿透铠甲，封建贵族、骑士不再那么不可一世了。

日本幕府

△ 丰臣秀吉像

中世纪，日本这片国土上没有一个强有力的政权。国家权力都掌握在幕府手中，幕府利用手中控制的武士力量维持着自己的统治。

日本的天皇都被强大的幕府左右。真正掌握着国家政权的幕府将军，就是从这些强大的军事家族中产生的。例如，实力强大的源赖朝（1147 年—1199 年）就是最有名的一个。

幕府借助他手下对他绝对效忠、无所畏惧的守护武士，击退了中国蒙古族的进攻。武士阶层的人手中都有土地，就像欧洲的骑士阶层一样。但是日本的武士不从事农耕，而是让农民去干活，他们自己则练习剑法、用弓箭打猎。最终他们形成了日本社会的一股中坚力量。

公元 14 世纪，日本遭受了内战之乱。内战是在修建城堡以防护自己土地的大名之间展开的。大名是幕府

△ 日本僧庙

将军的封臣，各位大名率领自家的武士加入内战。1338 年，足利义尚成为天皇的新幕府。他的家族遂成为日本的统治者。

大名中最厉害的一位是丰臣秀吉（1537 年—1598 年）。丰臣秀吉出身农民，后来一步步崛起，最终成为幕府将军。他统一日本后，曾两次带兵出征朝鲜，但均遭失败。丰臣秀吉自 1585 年起统治日本，直至 1598 年他去世。丰臣秀吉死后，他的前家臣——德川家康于 1603 年取得了最高统治权，建立了德川幕府。

百年战争

1327 年，爱德华三世登上英国王位之后，他认为法国王位也有他的份儿，于是于 1337 年对法国宣战。英法两国的这场战争断断续续一直持续到 1453 年。

英国军队在斯鲁斯海战中击溃法国军队，又在克勒西和普瓦蒂埃陆战中击溃法军，但是法军在查理五世及他手下的将军伯特兰·杜·格斯克林的率领下又把英军打了回去，收复了大部分失地。1360 年，爱德华放弃了得到法国王位的要求，但是以法国让出部分土地为前提，随后两国停战。到 1414 年，英国国王亨利五世又提出王位问题。他率领英国军队攻打法国，1415 年，在阿金库尔战役中，击败了

▲ 英勇的贞德

人数远远超过他们的法国军队。为了谋得和平，法国国王的女儿嫁给了亨利。但是，亨利于 1422 年死去，他的儿子还太小，没法继承王位。

而法国军队在"奥尔良姑娘"——圣女贞德的号召下继续战斗。她率领法国军队与英军作战直到被英军俘获。当初，圣女贞德声称是听到了上帝的声音，才号召起法国民众与英军作战

▲ 圣女贞德塑像

的。英军借此说贞德是异端、女巫，把她烧死在火刑柱上。由于查理六世领导软弱，英军内部分裂，英国丧失了部分占领的土地。但是，英军的厄运才刚开始。随着勃艮第公爵臣服于法国国王，英军的命运彻底改变了，先是丧失了巴黎，后来又丧失了鲁昂。到1453年，除了加莱港还在英军手中以外，法军收复了所有英军占领的法国领地。

印加人

在秘鲁山脉里，印加的神——帝王统治着这个高度组织化的帝国。内战和西班牙的入侵最终导致了帝国的灭亡。

印加人打败奇姆帝国成为南美安第斯山脉的统治者。15世纪，在帕查库提的统治下，印加人打败了从邻国来的入侵军队，此时，印加的文明也到达了巅峰时期。帕查库提还对印加王国的政府进行了改革，他指派官员管理国家，并且成立了中央管理机构来管理城镇建设，确保农耕和手工业的有效进行。从都城库斯科，帕查库提和他的继承人将印加帝国的疆土一直向外扩张，智利、玻利维亚和厄瓜多尔也包括在内。印加人用石头建造城市，还修了道路用于贸

易——易货贸易，因为他们不用钱。农民在山坡开垦梯田，种植玉米、棉花和土豆。1525年，印加帝国的版图达到顶峰。1527年，瓦伊纳·卡帕克死后，帝国被他的两个儿子分开。

16世纪30年代，一支由毕萨罗率领的西班牙探险队来到南美洲寻找黄金。印加都城库斯科给这些欧洲人留下了极深的印象——城里的宫殿和神庙、卫生设施和供水设施，还有不用砂浆就能让巨石完美吻合的沙克沙华孟堡。印加人尽管既没有文字也没有轮形交通工具，但他们却有很多如音乐、桥梁建造和医药这样的技艺。许多科学家认为印加人因为有相同的血统，所以也许他们曾互相输血。

虽然人数少，但西班牙人有印加人从未见过的马和枪。7年内战大大削弱了印加的力量。1532年，毕萨罗俘获了印加统治者阿塔瓦尔帕，索要一满屋的黄金和两满屋的白银作赎金。印加人支付了赎金，但是阿塔瓦尔帕还是被西班牙人杀害了。因无人领导，印加人很快就被打败了。之后，在山间堡垒，如马丘比丘，仍有对西班牙统治的抵抗，一直持续到1572年。

秘鲁印加人的祖先祭祀用的刀

文艺复兴运动

古希腊、古罗马的灿烂文化给世界留下了珍贵的精神遗产，而中世纪基督教会的一统天下却给欧洲带来了黑暗和愚昧。随着意大利工商业的发展，新兴的资产阶级力量壮大了，他们要求发展科学技术，摆脱教会束缚，争取个性解放。由于教会势力强大，资产阶级只得打着恢复古希腊、古罗马文化艺术的旗号，掀起了一场影响深远的资产阶级文化运动——文艺复兴运动。

岩间圣母

文艺复兴时期的圣母像

14世纪至16世纪的文艺复兴运动以意大利为中心席卷全欧洲。资产阶级提出以人为中心反对以神为中心，促进了文化艺术和科学技术的巨大发展，涌现出一大批艺术和科学方面的巨匠。

画家达·芬奇的作品《蒙娜丽莎》温柔、典雅、含蓄、自然，向往明天和幸福，被历代美术家推崇为"神品"。雕塑家米开朗基罗的作品《大卫》，全身健壮有力的肌肉表现出勇气和力量，炯炯发光的眼神喻示着克敌制胜的决心，这正是意大利新兴资

文艺复兴时期的人物雕像

大卫

产阶级的象征。英国大戏剧家莎士比亚的《罗密欧与朱丽叶》是反对封建传统势力、追求自由爱情的呼声。哥白尼以惊人的胆识推翻了基督教根深蒂固的地心说，提出了日心说。不屈的科学斗士布鲁诺为了坚持关于大自然无限的思想，于1600年被烧死在罗马的鲜花广场上……

这些都是文艺复兴运动的勇士，他们为人类开辟了一条通向自由、科学的大道。

地理大发现

在距今大约500年前的欧洲西部海港，一队队由木桅帆船组成的远洋船队不时地从这里挂起风帆，驶向茫茫大海，踏上探索世界、开辟新航路的征途。在短短的几十年时间内，欧洲人第一次知道了美洲、大洋洲和太平洋的存在，并以环球航行的壮举，证实了地圆理论。对此，欧洲人十分自负，他们把这段史实称为"地理大发现"。

▲ 麦哲伦画像

▲ 地理大发现时期葡萄牙的大帆船（模型）

然而，导致欧洲人不惧艰险、远涉重洋寻找新航路的动力则来自于对黄金的渴求。15世纪欧洲正处于资本主义萌芽时期，商品货币关

系的发展，使社会各阶层对黄金的需求十分强烈。此时《马可·波罗行纪》正在欧洲广泛传阅，书中关于东方黄金遍地、香料遍野的说法令欧洲人眼馋心痒。但传说的东方贸易却被奥斯曼帝国所控制，东方的丝绸香料几经转手，价格昂贵。因此，西欧各国希望寻找一条通往东方的新航路。

1492 年 8 月 3 日拂晓，3 艘海船扯起风帆，在意大利人哥伦布的率领下从西班牙出发，向一望无际的大海驶去。哥伦布远航的目的地是印度，10 月 12 日，船队前方终于显现出陆地的轮廓，船员们欣喜若狂，哥伦布率队登岸，他以西班牙国王的名义宣布占领该岛，并将该岛命名为

▲ 哥伦布

"圣萨尔瓦多"，意思是"救世主"。哥伦布登陆处实际上是美洲加勒比海上巴哈马群岛的华特林岛，但他却自认为已经到达了预定的目的地——印度，于是称当地土著居民为"印度人"。

据说一位名叫亚美利哥的意大利人指出了哥伦布的错误，于是这块新大陆因他而得名为"亚美利加洲"。哥伦布所到达的是当时欧洲人浑然不知的一块新大陆，他的远航开辟了欧美两洲之间的

▲ 达·伽马

115

航路。

1498年葡萄牙人达·伽马成功地绕过好望角，到达了印度。早在1487年，迪亚士率领的船队到达了非洲南端好望角。1497年7月，达·伽马率领4艘海船，从里斯本出发，11月，船队绕过好望角，沿东非海岸北上，一个阿拉伯领航员马德瑞德引领达·伽马的船队顺利地渡过印度洋，到达了印度。达·伽马的船队从印度返航时，带回大量的香料、丝绸和宝石，获得了惊人的暴利。

1519年9月，葡萄牙人麦哲伦在西班牙王室的支持下率领一支被称为"漂浮的棺材"的船队出发，越过大西洋，沿美洲西海岸南下，于1520年10月在南美大陆和火地岛之间找到一个海峡，进入新的大洋。新大洋风平浪静，麦哲伦因而将它取名为"太平洋"。1521年3月，船队到达菲律宾群岛，麦哲伦因干涉马克坦岛内争，被岛上居民杀死，其余船员于1522年9月6日回到圣罗卡港，生还者仅18人。

哥伦布、达·伽马、麦哲伦的3次历史性远航对于人们科学观、宇宙观的进步以及西欧资本主义的发展，都有着重大的意义。不过，随着新航路的开辟，世界文明史上最黑暗的一页——殖民侵略也拉开了序幕。

⏻ 知 识 链 接

玛雅文明

玛雅人居住在中美洲。他们建立了庞大的城邦国家，修建了宏伟的石砌神庙，至今还能找到这些地方的遗迹。

公元3世纪至9世纪是玛雅文明的鼎盛时期，鼎盛过后，玛雅文明一直持续到16世纪早期，墨西哥人征服了中美洲之后才消亡。玛雅人的城邦国家管理有序，每个城邦国家都有自己的统治者。

玛雅最大的城邦是蒂卡尔城，经常有成群结队的人观看祭司在广场上主持的庆祝活动。祭司们观察天象，预测日食和月食，并在日食或月食出现的当天举行庆祝活动。为了表达对神的崇敬之情，获得神的恩宠，他们常常献上大量的祭品。所用的祭品大多数是动物，但有时也献上活人作为祭品。

宗教改革

公元 16 世纪，欧洲爆发了一场大规模的宗教改革运动。这个运动的爆发点在德国，马丁·路德是其发起人与领袖。

中世纪的教会，已日益趋向独裁和腐败。13 世纪在法国里昂附近，大主教法庭树起了四根粗壮的绞刑架，经常一次同时绞死 12 个人。尤其是 1220 年，教皇洪诺留三世下令建立的所谓的异端裁判所，专门镇压一切对封建统治不利的人士。这个臭名昭著的裁判所建立以后，西班牙在 300 年中，有 34 万人被烧死，仅罗马一地，在 150 年中，就烧死了 3 万多人。神职人员贪赃枉法，霸占地产，奸淫妇女，为所欲为。教会一片混乱，教廷被称作"全世界的臭水沟"。1515 年，罗马教皇向教徒大量推销"赎罪券"，说买了赎罪券，生者可以免除罪孽，死者可以上升天堂。卖券的收入，一半归主教，另一半上交教皇，供修大教堂使用。

在 1517 年的万圣节，马丁·路德发表了《九十五条论纲》，反对推销赎罪券，指出它既给人民带来沉重的经济负担，也给人民造成莫大的精神压力。路德的主张得到大批教徒的支持。《九十五条论纲》揭露了教会剥削教徒的本质，马上招来教皇的忌恨。教皇首先宣布路德为异端分子，并在 1520 年发布谕令，要路德在 60 天内公开认罪。路德并不妥协，又接连写了要求进行宗教改革的宣言，

▲ 马丁·路德将《九十五条论纲》钉在墙上

并把教皇的谕令和教会法书籍，放在一起烧毁。但路德始终主张以和平的方式进行改革，反对平民使用暴力。只是思想的闸门一旦被打开，就没有人能阻拦得住了。1524 年夏天，德国黑森林地区爆发了反对封建统治的农民战争，其中影响最大的是图

▲ 马丁·路德（前排显著位置）和宗教改革派

林根农民在闵采尔领导下的起义，几乎席卷整个德国。

路德的宗教改革思想传播到法国，以后传到英国，成为波及全欧洲的宗教改革运动与宗教战争。路德的宗教改革运动，实质上是 16 世纪欧洲新兴资产阶级在宗教改革的旗帜下发动的一次大规模反封建的社会政治运动。这场运动对欧洲历史的发展起了推动作用。路德的著作影响了整个西方基督教世界，并形成强调个人的信仰而不强调遵守教会规条的路德教派。马丁·路德还主张宗教仪式可以用民族语言，以代替过去规定统一使用的拉丁语，推动了基督教的民族化。

日本德川幕府

德川家康出生于 1542 年，当时日本的军阀们正在为争夺日本的统治权而打内战。家康小时候被作为人质送往今川家族，在那里，他学习了打仗和管理的知识。今川家族的首领在一次战役中被杀死以后，家康回到自己的地盘，从此开始了漫长的权力之争。至 1598 年时，他已拥有了日本最强大的军队。他还拥有日本管理最好、产量最大的庄园，这些庄园集中在江户的渔村。1603 年，

▲ 一张日本屏风上的绘画

▲ 德川家康

天皇打败敌人后任命家康为幕府将军，并且给了他代表天皇统治国家的权力。

天皇住在京都，而德川家康在江户行使政权。他把村子变成很大的有城堡的城镇，后来被称为东京。他把国家重新划分地区，每个地区由一个藩主领导。藩主要管理好地方上的武士，还必须发誓支持德川家康做幕府将军。这有助于日本的和平。1605 年，德川家

▲ 在日本的葡萄牙商人

康放弃幕府将军的位置，但仍然掌握着实权，直到他 1616 年死去。

最初，日本对外国人是开放的，葡萄牙人、英国人和荷兰的商人经常来此。传教士让很多日本人都改信了基督教。但德川家康认为这种新宗教会破坏他的统治，因此，从1612 年开始，传教士受到排斥。1637 年，他们被完全禁止，所有的日本基督教徒必须放

▲ 日本广岛的大鸟居
高16米，以楠木制成。建于1875年。它耸立在平静的濑户内海上，面对著名的严岛神社，是广岛的标志性建筑之一。

弃他们的宗教，否则就有杀身之祸。同时，幕府将军认为，如果没有外国的影响，日本的法律和秩序更容易得到维护，因此他决定除荷兰商人可以每年向长崎发一艘商船外，其他国家的商人一律禁入。

尽管日本与世隔绝，但是国家还是得到了很大的发展。人口和食物产量都增长了，但是刑罚很重，犯一些小罪也会被处死。最终，1867年，起义爆发了，德川幕府的统治被推翻，日本通过明治维新，逐渐富强起来。

伊凡雷帝改革

历史上的沙皇伊凡四世（1533年—1584年在位）就是有名的伊凡雷帝（Ivan the Terrible）。伊凡即位时年仅3岁，由他的母亲叶莲娜·格林斯卡娅摄政，叶莲娜又委托宠臣伊·费·奥鲍连斯基等人治理国家，镇压伊凡两个外皇叔的叛乱，但遭到一些大贵族的强烈反对。1538年4月，叶莲娜突然死去，据说是被反对派贵族毒死的，结果统治权落入大贵族安德烈·叔伊斯基手中。伊凡就是在

🔺 伊凡雷帝

🔺 莫斯科克里姆林宫

始建于15世纪后期。1547年伊凡雷帝在克里姆林宫加冕，成为俄罗斯第一任沙皇。

这种残酷的权力斗争中长大的，所以从小就养成了冷酷无情、多疑猜忌的性格，并对大贵族有一种本能的痛恨。1543年，13岁的伊凡在他的舅父米·瓦·格林斯基的指使下，下令让狗活活咬死安德烈·叔伊斯基。

1547年1月，伊凡四世在克里姆林宫正式加冕，成为俄国历史上第一位沙皇。俄语"沙皇"一词的意思是皇帝，源于古罗马皇帝的称号"恺撒"。伊凡四世亲政这一年，正是莫斯科和各地人民起义、反对大贵族暴政的那一年。他一方面拼命镇压人民起义，另一方面又全力推动司法、行政和军事的改革，削弱大贵族势力，加强沙皇的专制统治。1549年2月，他召开第一次缙绅会议，中心议题是改革和编纂新法典。参加会议的人员除宫廷大贵族、高级教士外，还有一部分中小贵族代表。从此以后，缙绅会议成为决定国家重大政策的机关。1550年政府颁布新法限制地方分权，加强中央集权。1549年至1550年，政府限制按门第选任军队中的地位，并确立起一长制的领导原则。1556年政府又颁布兵役法，规定无论大贵族的世袭领地，还是中小贵族的采邑，每150俄亩的土地都必须提供一名全副武装的骑兵为沙皇服务。

经过政治、军事改革，俄国的国家实力增强，伊凡四世开始走上对外侵略扩张的道路。1570年，他亲自率领沙皇特辖军团，血洗诺夫哥罗德达6个星期。由于他杀人不眨眼，所以获得了"伊凡雷帝"（恐怖的伊凡）的绰号。

英国资产阶级革命

在距今360多年前的一天，英国伦敦白厅广场上人头攒动，一个惊人的消息在人群中迅速传递：国王要上断头台啦！面色惨白的国王查理正被押赴广场，执行死刑……这不是故事，而是发生在英国资产阶级革命时期真实的一幕。

1640年，英国爆发了资产阶级革命，这是世界历史上第一次资产阶级革命，具有划时代的历史意义。为什么在英国会爆发这场革命？

自16世纪以来，英国资本主义工商业飞快发展，资产阶级力量也在成长壮大，可他们全无政治权力，忍受着封建国王的专制统治。国王的高压统治激起

了资产阶级和广大人民群众的强烈不满，他们以议会为阵地，提出了限制国王权力的法案《大抗议书》。国王查理下令逮捕 5 名为首的反对者，并亲自率军前去捉拿。国王的行径激怒了伦敦市民，他们手持武器涌上街头。国王感到处境不妙，便逃离首都，在诺丁汉郡集结王室军队，宣布"讨伐"议会，从而挑起了第一次内战。

内战开始后，国王依仗装备精良、人数众多的军队掌握了战争的主动权，议会军队节节败退。在关键时刻，杰出的将领克伦威尔组建了新的军队，这支军队纪律严明，训练有素，英勇善战，号称"铁骑兵"。1644 年 7 月，"铁骑兵"与国王的军队在马斯顿荒原相遇，双方展开内战以来

🔺 1625年查理一世登基

第一次大规模的战斗。晚上 7 点，暴雨刚停，暮色苍茫，克伦威尔指挥的骑兵队发动首轮进攻，顷刻间，"铁骑兵"便冲进王军阵地，战马驰骋，刀枪并举，把王军打得落花流水，仓皇溃逃。议会军乘胜追击，直捣王军大本营牛津。查理眼看大势已去，不得已装扮成仆人匆匆逃亡苏格兰，后被议会以 40 万英镑的代

🔺 处死英王查理一世

价把他押送回国。

为惩办查理，议会和军队组织了特别最高法庭。开庭时，首席法官郑重宣布以下院和英格兰全体人民的名义审判国王查理。经过一个星期的公审，法庭作出判决：国王查理一世是暴君、叛徒、杀人犯和国家的公敌，应处以死刑。1649 年 1 月 30 日，国王被押上白厅前广场的断头台，这时全场一片寂静，在短暂的沉寂后，国王双手向前一伸，刽子手大喝一声，手起斧落，查理身首异处。行刑吏提起地上的头颅向全场群众出示，顿时全场一片欢呼。国王查理身死之日，即是英国的封建

△ 奥利弗·克伦威尔

专制统治结束之时，不久，议会宣布成立共和国。

共和国成立后，克伦威尔就任"护国主"，执掌政权。1658 年，克伦威尔病死，之后英国政权不稳，结果导致旧王朝的复辟。复辟后，查理二世实行反攻倒算政策，革命者受到迫害，克伦威尔也遭到掘墓鞭尸之辱。封建复辟引起了资产阶级的反感，他们发动政变，推翻了复辟政权，即历史上所称的"光荣革命"。英国资产阶级革命几经反复，历时近半个世纪，才终于确立了资产阶级政权。

△ 英国米字旗

在位 72 年的路易十四

法国的路易十四是 17 世纪欧洲所有的君主中最有权势的。他是一个独裁者，他作决定时从不征求老百姓的意见，甚至不征求贵族的意见。1643 年，刚刚五

凡尔赛宫花园

岁的路易十四登基了。在 1651 年之前一直是他的母亲作为摄政王代他统治。在这期间，贵族议会想分享权力，所以和他的母亲争论不断。1648 年，人们起义反抗缴纳沉重的赋税，对王位构成威胁。贵族们也跟着造反，路易十四从法国逃跑了，直到 1653 年才返回。他发誓不再让类似的反叛发生。

1661 年，路易到了可以独立统治的年龄，他解散了贵族议会，把法国的政权抓在了自己的手里。他挑选了自己的顾问，每天上午都和他们会面共商国事。他的首席顾问是柯尔伯。当时法国已经是欧洲最强大的国家了，通过重新调整税收和法律制度，柯尔伯又让法国成为效率最高的国家。为增长财富，柯尔伯建立了新的工业，并且通过修建新的公路、桥梁和运河改善了交通。他还扩建了法国的商业船队，以鼓励贸易。

这些政策本应使法国富起来，但是路易花费了巨额款项来修建在巴黎附近的凡尔赛新宫殿。他还把很多钱花在了战争上。路易想把法国的领土一直扩展

法国国王路易十四和他的朝臣

到阿尔卑斯山、比利牛斯山和莱茵河，他把这些地方想象为法国的天然边界。为了达到这个目的，路易大规模地扩军，并参与了1667年至1697年的三场大的战争。

为了满足路易的奢侈需求，农民和工人都要缴纳很重的赋税，而贵族和牧师却什么钱也不用交。两次税收使数万人处于饥饿之中，人民若有反抗，

凡尔赛宫天顶画

很快就会被严厉地镇压。在宗教宽容时期过后，胡格诺派教徒，即法国的新教徒，又重新受到天主教统治者的迫害，自1685年开始，如果他们不放弃原来的信仰就会入狱，甚至被处死。结果，大约有30万人逃到国外。由于他们很多人是有经验的手工业者，他们走后，法国经济受到影响。

路易十四死于1715年，他五岁的曾孙继位。法国的边界虽然已经确定，但是国家的财政在遭受了多年的战事后非常脆弱。

崛起的帝国——俄国

在彼得大帝的统治下，俄国由原来一个孤立落后的国家，发展成为欧洲强国之一。他死后，又过了近40年，俄国迎来了她的另一位伟大的沙皇——女皇叶卡捷琳娜二世。彼得大帝的雄心壮志，在叶卡捷琳娜二世执政期间得到了进一步发展。

彼得大帝即彼得一世，于1682年继位，成为沙皇，那年他才10岁。起初，他与同父异母的哥哥伊凡五世同

叶卡捷琳娜二世

时登上王位。1696年，伊凡五世病死，彼得成为帝国唯一的君主，直到1725年他去世为止。自1639年起，沙皇俄国迅速扩张，但是，与同时期欧洲其他国家相比，俄国还是很落后的。彼得决意要改变这种状况。他花了15个月的时间游历西欧，了解那里的变化。除了与各国的元首会晤，彼得一世还与科学家、技术工人、工匠交谈，向他们学习工业、农业及造船方面的知识。到达荷兰时，他乔装成一个普通的工人，受雇于一家造船厂，在那儿工作了一段时间。

▲ 彼得大帝

回到国内，彼得就仿效西欧，把自己学到的知识用于俄国的改革。他成立了俄国海军，建立了现代化的钢铁厂。同时，他还鼓励农业和其他行业的发展，扩充军事实力，修建铁路、运河以促进贸易发展。

彼得一世还意识到俄国缺少不冻港，而这种不冻港只可能是在波罗的海和黑海沿岸，但这两个地方都不在俄国的领土范围内。为了获得这种港口，彼得一世发动了针对瑞典的北方战争，并于1721年击败瑞典，占领了爱沙尼亚、里加湾一带，这两个地方都位于波罗的海入海口处。为了昭示俄国日益增长的财富和自己的权力，彼得一世决定把都城从莫斯科迁到圣彼得堡。

可是在农村，由于彼得一世不断增加赋税，农奴的生活困苦不堪。虽然如此，但彼得一世去世时，俄国已经比以往任何时候都更稳固、更强大了。

1762年，俄国历史上另一位强权统治者继位，她就是叶卡捷琳娜二世。叶卡捷琳娜二世是普鲁士血统，原名凯瑟琳。她于1745年嫁给俄国的王位继承者后，就改用此名。她的丈夫继位后6个月就遭人暗杀了，她丈夫死后，王位应该由她的儿子继承，可叶卡捷琳娜二世却自己登上王位，做了女皇。她和彼得一世一样，鼓励仿效西欧，并且发起战事，扩大俄国的领土面积。1774年、1792年，俄国与奥斯曼土耳其先后交战两次，1790年，俄国又与瑞典作战。在瓜分波兰的过程中，俄国占领了波兰的大部分地区。然而农奴

的处境并没有改善，国家征收重税以支付政府的巨额开支，农奴的任何埋怨或不满都会遭到严厉的惩罚。1773 年，俄国发生暴动，但被残酷镇压，以警诚其他人的反抗。

英国工业革命

▲ 新式工厂

在英国资产阶级革命结束之后，又发生了震惊世界的另一场革命——工业革命。英国工业革命首先从棉纺织业的技术革新开始。1764 年，织工哈格里夫斯的妻子珍妮在纺纱时不小心打翻了自己的纺车，哈格里夫斯看见横架上的纺锤直竖起来后，仍在继续转动。他灵机一动，即把纺锤改为竖装，增加纺锤数目。这样的改动一下子提高了纺纱速度。为了纪念他的妻子，他就把改进的纺车命名为"珍妮机"。由于纺纱机只能在家里由人来纺，仍有很多不便，于是，1769 年，理发师阿克莱特制成水力纺纱机，以水力作为动力，大大提高了效率。后来，童工出身的克隆普顿结合以上两种机器的优点，发明了一种新的机器，起名为"骡机"。它的发明使纺出的纱既快又好。

但是，这些机器都是以水力为动力的。厂房要建在有水的地方，这就限制了机器的广泛使用，因而迫切需要解决动力问题。用什么力量来推动机器呢？很多人都在动脑筋想办法。这时修理工瓦特想到了用蒸汽的力量来推动机器，经过反复试验，瓦特成功地制成了联动式蒸汽机。蒸

▲ 珍妮机

汽机的发明，把热能转化为机械能，是人类认识和利用自然力的一次巨大突破，它作为一种新的动力，可以被广泛应用，由此推动了冶炼业、采煤等行业的发展，促进了工厂的建立。这一时期，英国出现了兴办工厂热，新工厂如雨后春笋般星罗棋布地遍及全国。一批新兴工业城市也纷纷崛起，如曼彻斯特、利兹、伯明翰等。

以往，英国国内的交通运输主要依靠运河，工厂建立后，需要运送很多货物和原料，这就要求快捷便利的交通运输。于是，人们开始利用蒸汽动力试制机车，发展铁路运输。1814年，史蒂芬孙终于发明了第一辆蒸汽机车。1825年，史蒂芬孙主持修建了英国也是世界上的第一条铁路，开始通车运行。这辆机车拖带34节客、货车，用3小时走了25千米，这是人类历史上第一次的铁路运输。不过，当时的那辆火车还是用机车和马同时牵引的。这样，铁路运输取得了成功，史蒂芬孙也就被称为"火车之父"。铁路运输的出现更加有力地推动了英国工业的发展，由此，英国工业革命进入完成阶段。

英国工业革命是人类历史上最重要的一次革命，机器的发明、工厂的建立使英国从农业国变成了工业国，成为当时世界上的头号强国。

美国的诞生

18世纪上半期，英国在北美已经建立了13块殖民地。英国政府在那里实行残暴的统治。他们一面屠杀当地的土著居民，从非洲掠夺来大批黑人充当奴隶；一面对殖民地其他人民（主要是从英、法、荷兰和西班牙等国来的移民）横征暴敛，征收名目繁多的苛捐杂税，限制北美工商业的发展，还不准人们向北美大陆西部迁移。这一切激起了殖民地人民反抗的怒火，他们发出了"我们都是美利坚人"等要求民族独立的呼声。英王乔治三世恼羞成怒，决定派出大军前往镇压。1775年4月，当一队英军

▲ 约克镇战役

发生于1781年，英国在这次战役中战败投降，两年后，英国正式承认美国独立。

偷袭波士顿民兵西北郊的秘密军火库时，民兵们立即集合，奋勇迎战，在波士顿打响了抗击英军的第一枪，美国独立战争开始了！

早期殖民地
1620年，一群自称朝圣者的英国清教徒乘船来到美国，在马萨诸塞州的普利茅斯建立了殖民地。他们是最早的来自欧洲的居民。

1776年7月4日，由13块殖民地代表组成的大陆会议发布由杰克逊和富兰克林起草的《独立宣言》，正式宣告：北美殖民地独立了，从此成为自由独立的美利坚合众国！1783年，美国人民终于打败了不可一世的大英帝国，迫使它承认了美国的独立。

法国大革命

18世纪，法国社会分成三个等级：第一等级是贵族，第二等级是教士，第三等级是平民。这三个等级中，只有第三等级的人纳税，所以随着赋税的加重，人们的不满情绪也日益增强。

1788年，农业严重歉收，粮食稀缺，物价陡增，许多贫苦的人民都处于饥饿状态。而国王依然奢侈无度，再加上战争耗资巨大，国库空虚。第三等级中，许多受过良好教育的人士都推崇启蒙思想，他们中有些人还参加过美国的独立战争。这也让他们认识到，法国的社会是多么的不公平。1789年，法国国王路

△ 法国画家德拉克洛瓦笔下的法国大革命

易十六召开三级会议（法国最接近国会性质的会议），试图征收更多钱财。第三等级开始反抗，他们的观点是：如果交税就得有权参政议政。路易十六断然拒绝了他们的要求，并把代表们赶到召开三级会议的凡尔赛宫门外。

第三等级的代表们决定，在凡尔赛宫外的网球场上召开自己的会议，而且称他们的会议为国民议会。代表们宣称，国王不听取他们的要求就不离开这个地方。法国其他地方的动乱也逐步升级：巴黎平民攻陷了皇家监狱——巴士底狱，很快全国都爆发了动乱。

不久，国民议会改称制宪议会，制宪议会通过了《人权宣言》，宣扬自由、平等和反抗压迫的权利。路易十六不承认他们的宣言，于是他和他的家人被捕，从凡尔赛宫押回巴黎，关押在杜勒丽。直到1793年，身为国王的他仍然拒绝给予人们权利，最后在这一年被审判处决。

1793年5月底6月初，巴黎人们发动第三次武装起义，将以罗伯斯庇尔为首的雅各宾派才推上了统治地位。罗伯斯庇尔领导的革命恐怖统治一直持续到1794年，这期间成千上万的人被捕处死。奥地利、英国、荷兰、普鲁士、西班牙纷纷对法国宣战。事态的发展震慑了法国罗伯斯庇尔的同僚们，他们处死了罗伯斯庇尔，组建了新政权：由五个人组成的督政府。1795年，内战的威胁成就了一个野心勃勃的法国将军，他就是拿破仑·波拿巴。

拿破仑

拿破仑·波拿巴于 1769 年出生于意大利科西嘉岛的阿亚克修城。他出身贵族家庭，在法国军队中崭露头角，一直做到了法国皇帝。19 世纪初，频繁的战事让这个野心勃勃的政治家，有机会施展自己的抱负，最终统治了欧洲。

15 岁时，拿破仑就读于巴黎的法国军校。1785 年，他晋升为军官。法国大革命时一度支持雅各宾派。1793 年，他在法国、西班牙军队的帮助下，攻占了法国反对派占领的土伦港，赢得了他一生中的第一次胜仗。之后，他失宠于法国领导阶层。直到 1795 年，他被统治者召回，保卫巴黎，镇压发动内战的反抗分子。1796 年，他被任命为意大利方面军司令，到 1797 年，他已经征服了米兰和曼图亚两地。

▲ 拿破仑加冕仪式

其他意大利公国，如撒丁岛公国、那不勒斯公国都纷纷投靠拿破仑。随后，拿破仑奉命征服埃及。法国人想，侵入埃及之后，可以切断英国通往印度的贸易路线，造成英国失业率大幅上升，引起英国国内动乱。1798 年，法军在金字塔战役中击败埃及军队，然后，又在阿布基尔湾海战中击败了奥斯曼土耳其舰队，这正好赶在英法尼罗河海战之前。在英法尼罗河海战中，英国海军总司令纳尔逊指挥的英国海军舰队击败了法国海军舰队。

拿破仑返回法国，决定推翻当时执政的督政府。大革命之后，法国社会一直处于动荡之中，这时的法国正需要一个强有力的政权和领袖。所

▲ 纳尔逊

以人们都盼着拿破仑回国。1799 年 11 月，拿破仑返回巴黎，发动政变，推翻督政府的统治。1804 年，颁布《民法典》，后改为《拿破仑法典》，法典中保留了法国大革命时期颁布的新法的一部分条文。法典中规定，公民在法律上平等，人们的财产权受法律保护，人人享有宗教信仰自由。

滑铁卢战役

1815 年 6 月 18 日上午，比利时南部的滑铁卢村格外宁静，这是恶战前的宁静。在一条长长的山冈上，英国名将威灵顿公爵的约 7 万名士兵摆成了一条横线。山谷的对面是赫赫有名的法兰西帝国皇帝拿破仑的 10 多万军队，双方严阵以待。11 时 35 分，随着三声炮响，滑铁卢血战的帷幕拉开了。法军 80 门大炮一齐开火，排山倒海的骑兵呼啸而来，成千上万的法军登上了英军阵地的山脊，可是英军的抵抗也极其顽强。血战一个下午，英军阵地 10 多次易手。黄昏时分，拿破仑孤注一掷，把从不轻易使用

🔺 拿破仑

的近卫军全部投入了战斗，向威灵顿的主力发动最后一次攻击。

此时，普鲁士军队的一个兵团已赶来增援英军，威胁着法军的右翼，可是拿破仑却毫不理会。他坚信东线的一支法军马上会来增援，只要坚持住这关键的一刻，英普盟军的败

🔺 滑铁卢战役

局就定了。在近卫军的勇猛攻击下，英军防线开始发生动摇，威灵顿用"与阵地共存亡"的命令拒绝了所有各路军队的求援，他也认为自己快完了。

可就在这时，他的援军到了，3万多普军从侧后方向法军猛攻，早已精疲力竭的法军腹背受敌，立即全线崩溃，拿破仑输了。这是拿破仑的最后一仗，他终于败在"反法同盟"的英普军队手下。

◀ 库图佐夫

1812年，拿破仑率军入侵俄国，遭到惨败。库图佐夫就是指挥俄军打败拿破仑的俄国将领。

1848 年欧洲革命

1848 年，欧洲许多国家爆发革命运动。这些运动的爆发与 1846 年的经济危机有关，同时也与各国自治意识的觉醒有关。革命首先在巴黎爆发，巴黎人民起义反对国王路易·菲力普，建立了第二共和国。接着，奥地利首都维也纳的市民也奋起造反，赶走了政府首脑——首相，并激励捷克和匈牙利人民揭竿而起。在包括 39 个邦国的德意志联邦，德意志各族人民为建立一个统一国家而斗争。在分割为许多王国的意大利，人民群众也同样为国家的统一和摆脱奥地利统治而战斗。这一起义浪潮被称作"人民的春天"。然而，在 6 到 8 个月的时间内，各地的革命均

▲ 1848年维也纳革命者

被扼杀，民族运动被镇压，军队与起义者直接对抗，导致成千上万的人丧生。

尽管遭到镇压，人民毕竟赢得了一些重要权利。在奥地利，法朗索瓦·约瑟夫一世废除了封建领主特权。在俄国，1855 年开始掌权的沙皇亚历山大二世采取了一些重大改革，如 1861 年农奴制改革；他促进了国家的工业发展，当时俄国的版图已西达黑海，东至西伯利亚。在法国，拿破仑一世的侄子拿破仑三世建立了第二帝国。在意大利，撒丁国王维克托·伊曼纽尔在拿破仑三世的帮助下，于

◀ 朱赛佩·加里波第

朱赛佩·加里波第（1807年—1882年），参加了1834年的意大利起义。起义失败后，他被迫流亡国外，在南美等地流亡了10年。1848年，意大利革命爆发，他返回意大利参加革命，但是革命失败，加里波第再次流亡。之后，加里波第再次回国，支持维克多·曼努尔，并于1860年组成红衫军，率领1000人从热那亚出发，解放了西西里和那不勒斯。

1859年赶走奥地利人，实现了意大利部分地区的统一。1860年，共和派人士加里波第率"千人军"征战西西里，大获全胜，接着又收复意大利南部，基本完成了意大利的统一；1861年，意大利王国宣告成立。在德意志联邦，普鲁士王国首相奥托·俾斯麦领导了统一国家的运动，率军与奥地利展开激战，于1866年击溃敌人；此后，他于1870年投入反对法国的战争，并最终取得胜利，不久，德意志南方请邦并入北德意志同盟；德意志帝国（德文中"帝国"一词意味着国家统一）于1871年1月18日在法国凡尔赛宫宣告建立。

美国南北战争

美国独立以后，南北两地的情形很不一样。资本家控制着北方，在那里发展资本主义经济；南方则被奴隶主控制，他们经营大种植园，迫使黑人从事奴隶劳动，巩固和发展黑奴制。南方庄园主们想不断扩大地盘，使用更多的奴隶；而北方资本家们却想把奴隶主占有的大批劳动力争夺过来。南北双方的矛盾越来越尖锐了。

1860年，主张逐步废除黑人奴隶制的林肯当选为美国第16届总统，这使南方奴

◀ 葛底斯堡战役

发生于1863年7月，是美国南北战争的重要转折点。大约85000名联军由乔治·米德将军率领，击垮了约75000名由罗伯特·李将军率领的南部联邦士兵。此后，南部联邦军队再未能从这次毁灭性的失败中真正恢复元气。

△ 美国白宫

隶主们惊恐万分。就在第二年初，林肯宣誓就职没几天，他们公开发动了叛乱。11个蓄奴州组成南部同盟，也推选了一个总统，并且派军队向北方发起进攻。林肯政府只得仓促应战。起初，北方军队连连败退，首都华盛顿也险些失陷。

怎样才能挽回败局？林肯终于下了决心：发表《解放黑人奴隶宣言》，宣布从1863年1月1日起，南方叛乱各州的黑人奴隶成为自由人，他们都可以和白人一样参加联邦军队作战。宣言发表后，三四十万黑人高唱战歌加入了北方军队，留在南方的黑人也在叛军后方发动了游击战。这时候，林肯又选拔人才，改组军事指挥机构。经过多次激烈战斗，北军逐渐转败为胜。1865年，北方军队攻占了叛军老巢里士满。历时4年的南北战争以南方奴隶主的彻底失败而结束了。

⟳ 知 识 链 接

南北战争的意义

内战期间，双方军费消耗150亿美元。联邦军伤亡了63万人，南方军队伤亡了48万人。战争显示了工业的威力，双方都大量装备了新式线膛武器，促进了散开队形、野战工事和步兵近迫作业的运用和发展。铁路和电报发挥了重大作用，并在战争史上第一次使用装甲舰、地雷、水雷和潜水艇。

北方在战争中的胜利，确立了北方大资产阶级在全国的统治地位。内战消灭了奴隶制，从而为资本主义迅速发展开辟了道路。因而，19世纪末美国一跃而成为世界上最先进的工农业资本主义大国。黑人在内战后的重建时期仍受到多方面的歧视和种植场主的剥削，但在政治上取得了公民权及选举权，从奴隶枷锁下解放出来。因此，美国内战在美国历史发展中是具有划时代的进步意义的。

明治维新

1868 年 2 月，日本京都皇宫内的一间房子里，明治天皇正与英、法、荷兰等国的驻日公使进行会谈。明治天皇向他们介绍了新政府组成的情况，接着郑重宣布，坚决放弃德川幕府时期的闭关锁国政策，立志开国进取。由此开始了日本历史上的维新改革，史称"明治维新"。

明治神宫

新政府一成立，立即派出庞大的"遣欧美使节团"出访欧美，历时两年。通过考察，日本政府坚定了学习欧美西方国家的决心，确立了三项基本国策，即富国强兵、殖产兴业和文明开化，立志要使日本实现现代化，与欧美强国并驾齐驱。为了实现富国强兵，明治政府以天皇名义颁布《五条誓文》和《政体书》，实行新宪法。在政治体制上确立三权分立，在全国"废藩置县"，原来的地方最高长官——藩主被剥夺一切权力，全部迁到首都，由国家供养起来。新设的府、县长官均由中央任命，以削弱地方权力，加强中央集权。同时，着手建立近代军队，按照欧美方式训练士兵，提高军队的战斗力。

殖产兴业，发展资本主义，明治政府集中财力建立近代基础工业和基础设施。

日本建筑

1869 年，东京与横滨架设了第一条电信线路并开通电报，1872 年，又修建了东京至横滨的铁路，这是日本第一条铁路。明治政府还大力扶植私营企业，培植近代财阀，先后出现了三井、三菱、住友等大财阀，这些财阀至今仍是日本大的经济集团。为促进经济发展，明治政府大力移植欧美经济制度，如移植股份有限公司，兴办日本的株式会社；移植银行制度，大办"国立银行"；设立股票交易所，颁布"股票交易条例"，

鼓励人们从事股票买卖；建立近代保险事业，开办了日本第一家保险公司"日东保生会社"。

明治政府推行文明开化和教育改革，大力培养优秀人才，一再重申，国家的根基在于人才，人才在于教育。1873 年，政府颁布"学制"，要求实现每个村庄没有不读书的家庭，每个家庭没有不念书的人。此后，全国出现了家家孩子读书忙的景象。1895 年，全国有 61% 的学龄儿童读书。随着教育的发展，政府又相继建立

△ 明治时代的装饰品

了工业、农业、商业等实用性学校，培养技术人才，此后又建立大学，1877 年建立东京大学，形成了完整的近代学校教育体制。在大办教育过程中，政府特别注重提高教师的社会地位，明文规定教师的待遇高于其他行业。因此，在日本，教师待遇优厚，地位较高，受到特别的尊重。时至今日，依然如故。

明治维新是一次资产阶级性质的改革，通过改革，日本的经济发展加速，由原先落后的岛国一跃而跻身于世界强国之列。明治维新成为日本走向资本主义现代化的起点。

萨拉热窝事件

1914 年 6 月 28 日，一个阳光明媚的星期天，一列壮观的车队正向波斯尼亚首府萨拉热窝市区缓缓驶去。车上坐的是奥匈帝国的皇太子斐迪南大公，旁边坐着的贵妇人是他的妻子。斐迪南是一个狂妄的军国主义分子，他妄想吞并塞尔维亚。这次他来波斯尼亚检阅军事演习，把塞尔维亚作为假想敌人，这激起了塞尔维亚爱国青年的极大愤怒，他们决定趁斐迪南访问萨拉热窝时干掉他。车队从市政厅开出，朝博物馆驶去，当斐迪南来到拉丁桥时，发现

△ 枪击斐迪南夫妇

路线不对，命司机掉头，这时斐迪南的车子正停在离 19 岁的塞尔维亚青年普林西普两米远的地方。普林西普一个箭步跳到车前掏出小手枪，"砰砰"开了两枪。斐迪南夫妇的被刺，给帝国主义发动战争提供了极好的借口。萨拉热窝事件成了第一次世界大战的导火线。

十月革命

▲ 策划起义的列宁

冬宫，是历代沙皇专制统治的象征，它位于彼得堡市中心的涅瓦河畔。1917 年二月革命后，俄国资产阶级临时政府取代沙皇而进入冬宫，一面继续帝国主义战争，一面加紧镇压以列宁为首的布尔什维克党所领导的革命运动。

1917 年 11 月 6 日，临时政府封闭了布尔什维克党的机关报，情况十万火急，列宁提议立即起义。当晚，工人赤卫队和士兵占领了彼得堡的主要交通要道、电报局、政府部门等战略要地。7 日（俄历 10 月 25 日）上午"阿芙乐尔"号巡洋舰向全世界播出了由列宁起草的《告俄国公民书》，宣告临时政府被推翻。

然而，临时政府仍据守冬宫负隅顽抗。他们倚仗 2000 多守军和坚固的防御工事，拒绝革命军事委员会的最后通牒，列宁下令进攻冬宫。当时针指向晚上 9 时 45 分时，一道耀眼的光划破夜幕，继而一声轰响——"阿芙乐尔"号巡洋舰向冬宫开火了，赤卫队员们冲向冬宫，与反动官兵进行了艰苦的白刃战，并保住了宫内悠久的艺术珍品。最后，赤卫队员们冲到了三楼的孔雀厅，推门而入，向临时政府的 16 位部长宣告："先生们，你们的公事完了！"彼得堡武装起义胜利了，人类第一个社会主义国家由此诞生了。

希特勒上台

阿道夫·希特勒是德国法西斯的创始人和纳粹党魁，第二次世界大战的头号战犯。他原籍奥地利，后移居德国。1919年，希特勒参加德国工人党（后改称为"国家社会主义德国工人党"，音译为"纳粹"），不久成为该党领袖。他亲自设计了纳粹的党旗——红底白圆中嵌个黑色字，并解释说黑字是日耳曼祖先的武器，是斗争和胜利的象征，后来它成了纳粹的标志。

亚塞诺瓦茨纳集中营纪念碑

1923年11月8日，希特勒率其党徒在巴伐利亚发动了"啤酒店暴动"，胁迫当地军政首脑支持他向柏林进军，以夺取全国政权，结果政变失败，他被判处5年徒刑。在狱中希特勒写下了《我的奋斗》一书，书中鼓吹日耳曼人是世界上最优秀的民族，号召德国人对外扩张，并煽动军国复仇主义和建立军事独裁统治。1929年至1933年的经济危机使德国遭受了沉重的打击，促使工人运动不断高涨，并导致政府不断更迭，1928年至1933年间，德国共更换了四届政府。为了摆脱政治经济危机，1932年11月，德国17个工业、银行业巨头联名上书总统兴登堡，要求让希特勒组阁。1933年1月30日，希特勒就任总理，翌年接任总统。

希特勒及其纳粹党上台后，首先在国内建立了法西斯独裁统治。他们解散了共产党和其他政党及工会组织，在其执政的头6个星期内就逮捕了18000名共产党员，并迫使所有工人和农民加入他们所控制的"德国劳工阵线"和"全国农会"。希特勒还组建了秘密警察部队，在全国遍设集中营，肆意捕人、杀人，建立了法西斯的白色恐怖统治。

希特勒与墨索里尼

从 1933 年起，纳粹德国开始走上军国主义道路。他们首先全面改组国民经济，把德国经济纳入了战争轨道。为了扩军备战，希特勒提出了"要大炮不要黄油"的口号，国家拨出巨额经费扩建军事工业，1933 年至 1939 年，德国军费高达 900 亿马克，相当于同期国家预算的 3/5。到 1939 年，德国已拥有 70 万正规军和 300 万预备役部队；海军拥有 170 艘现代化舰艇；空军拥有 8000 多架战机，超过英、法、波三国空军的总和；其军火生产则超过英、美两国总和的两倍以上。至此，纳粹德国已做好了战争准备，乌云再一次笼罩在欧洲上空。

罗斯福新政

▲ 罗斯福

1932 年，美国白宫迎来了一位新总统——坐在轮椅上的富兰克林·罗斯福。他因患小儿麻痹症而失去行动自由，只能靠轮椅代步，但就是这位下肢瘫痪的总统却用他的智慧和政策挽救了瘫痪中的美国经济。

从 1929 年开始，欧美工业化国家全都陷入了一场严重的经济危机之中。美国遭受的打击最为严重。到 1932 年，已有 13 万家工商企业倒闭，1 万家银行破产，四分之一的工人失业，大批农民破产，经济倒退了 20 多年。而资本家宁愿把牛奶倒进密西西比河，用小麦来烧火，也不愿降价出售。

老百姓在死亡线上挣扎，忍饥挨饿，露宿街头，再也忍受不下去了。那个曾许诺上台后要让每家工人锅里都有一只鸡、每间车房里都有一辆汽车的胡佛总统被轰下台，罗斯福在国家危难之际当选为美国总统。他利用一批有远见卓识的经济学家、法律专家组成"智囊团"，一起出主意、想办法，渡过难关。在这以后的 100 多天里，罗斯福政府进行了大刀阔斧的改革，颁布了 100 多种新政措施，用各种办法刺激经济，以摆脱危机。他给银行提供补助，帮助大银行恢复营业；

支持大资本家吞并中小企业；帮助本国产品打开国外市场；监督工厂生产及其产品质量、价格；政府拨出巨款收购农畜产品；救济失业工人、老人、儿童和残疾人，制定了工人最低工资；组织失业工人兴修水利，造防护林，建造机场、学校，让工人重新就业，养家糊口；与拉丁美洲国家加强贸易往来，并与苏联建交。

▲ 罗斯福雕像

在大危机时代，社会一片恐慌。罗斯福总统一次次在广播中发表"炉边谈话"，他说："我们对未来并不失望，因为美国人民并没有失败。毫无根据的恐惧使大家瘫痪，我们需要的是努力，将后退转化为前进。"他那乐观亲切的话语、坚定的语气让人们听到了希望，恢复了信心。由于罗斯福总统注意关心下层劳动人民的疾苦，保证工人的最低工资，还向富人征税，坚定不移地实行他的"新政"，终于取得了良好的效果：国家经济大有起色，从萧条混乱的阴影中一步步走了出来，工人的工资增加了，失业人数减少了三四百万；工业生产有所恢复，经济形势的好转也使国家政权得到了巩固，罢工大大减少，生活秩序井井有条了。新政缓和了社会矛盾，挽救了颓废的国家经济，开创了由国家控制资本主义经济生产的先例，后来英、法、德等资本主义国家也纷纷效仿。

无论是在经济大危机中，还是在后来的二战中，面对困难与挫折，这位身残志坚的总统总是沉着冷静，带领美国人民战胜困难。他因此得到了人民的信赖，接连4次当选为美国总统。

日本偷袭珍珠港

夏威夷群岛中的瓦胡岛美丽而又富饶。在岛的边缘处有一个平静的海港叫珍珠港，它是美国在太平洋的海军基地。

1941年12月7日星期天的清晨，港口一片宁静，许多美国军官还在周末

舞会之后的睡梦中。这时，太平洋上一支由 6 艘航空母舰和 14 艘战舰组成的庞大的日本舰队正悄悄驶来。180 架飞机从航空母舰上起飞，偷偷地向珍珠港迅猛扑去，此时正是早上 7 时 50 分。日本企图偷袭珍珠港由来已久。日本自从 1937 年侵略中国后就妄图进一步侵略东南亚，称霸太平洋，这就威胁到美国在太平洋的利益。美英等国对日本实行的石油禁运又使日本寸步难行，日本决定先占领东南亚夺取石油资源，而美国太平洋舰队又威胁到日本的计划，为此日本联合舰队司令山本五十六指挥了这一次偷袭。

珍珠港

"轰隆隆"，随着一阵惊天动地的爆炸声，岛上的机场及战舰停泊处升起了烟柱，美国士兵起初竟以为这是一次特殊的"演习"。日机的空袭直到 9 时 15 分才全部结束，前后历时 1 小时 50 分，共炸沉和击伤美主力舰 8 艘，各类辅助舰只 10 余艘，击毁飞机 188 架，美军官兵死伤 4800 多人，而日本仅损失 29 架飞机。日本对珍珠港的偷袭宣告了太平洋战争的爆发。

日军飞机突袭珍珠港空军基地

斯大林格勒保卫战

1942 年春，希特勒在莫斯科战役失败后，决定再次对苏联发动夏季攻势。他集中 150 万兵力，企图一举攻占南方重镇斯大林格勒，从而切断伏尔加河交通，夺取高加索石油，然后北上包抄莫斯科。

1942 年 7 月 17 日，德军攻入顿河大河湾地区，逼近斯大林格勒，战役拉开了序幕。

苏军庆祝保卫战胜利

面对强敌，苏军寸土不让，顽强抵抗。经过两个月的激战，德军突破了苏军的外围和近郊防线，于9月13日攻入市区。苏军决心"誓死保卫城市、绝不后退一步！"一些重要防御点几经争夺，苏军终于守住了部分市区，并消灭敌人有生力量70万人。这时，苏联调集了110万兵力和大批飞机、坦克、大炮，于11月19日到20日从南北两翼发起反攻，23日完成包围，德军两个精锐军团共22个师被围。1943年1月10日苏军开始总攻，到2月2日，被围困的德军33万人全部被歼灭，俘虏9.1万人，指挥官鲍罗斯元帅也被活捉。

斯大林格勒保卫战是苏德战争的转折点。双方都投入了大量兵力，历时200天，是第二次世界大战中规模最大的战役之一。这次战役使德军损失150万人，约占苏德战场德军兵力的1/4。从此，希特勒被迫转入防御战。

雅尔塔会议的主要内容

1945年2月3日下午，一长串轿车在苏联克里米亚半岛戒备森严的山间公路上飞驶。傍晚，车队到达黑海之滨的避暑胜地雅尔塔，从车中鱼贯而出的就是来此参加美、苏、英三国首脑会议的罗斯福、斯大林、丘吉尔及其代表团的成员们。

雅尔塔会议中的丘吉尔（左）、罗斯福（中）、斯大林（右）

当时，德国已面临最后崩溃的局面。1944年，苏军对德发动总反攻，不仅解放了全部国土，而且乘胜向柏林进军。同年6月，美英盟军在法国北部诺曼底登陆，也向德军发起总攻击，开辟了欧洲第二战场。德国已处于两面夹击之中。三国首脑举行雅尔塔会议，是为了在军事上与政治上彻底击败德国，以及讨论战后如何处置德国的问题。在彻底打败德国这一点上三国是一致的，并确定了攻击时间。至于如何处置德国，三国

各有主张，最后原则上同意将德国分割，三国加上法国各占领德国的一个区域，这就导致了战后东西德国的分裂。此次会议的第二个重要议程是商讨在战后建立一个新的国际组织——联合国，以维护世界和平和安全。2月11日，雅尔塔会议结束，三国领导人发表了公报。这次会议加速了世界反法西斯战争的全面胜利。

联合国

△ 联合国大会

在20世纪的头50年里，先后发生了两次世界大战，无数人命丧黄泉，社会财富毁于战火，社会生产遭到极大破坏。避免战争悲剧重演、维护世界和平安全、加强国际合作，成为全球人民的共同心声。联合国正是顺应此潮流，在二战中的国际反法西斯统一战线的基础上建立起来的。

1941年8月，美国总统罗斯福与英国首相丘吉尔在纽芬兰的阿根夏湾军舰上，举行了战争以来的首次会晤，双方均认为应加强所有反法西斯国家的统一行动，于是提出"建立广泛而永久的普遍安全制度"的设想。他们于8月14日共同发表《大西洋宪章》，并致信苏联斯大林元帅，发出邀请。次年1月，美、英、苏、中等26个在二战期间参加对德、意、日法西斯轴心国作战的国家代表来到华盛顿，共同签署了《联合国家共同宣言》。它的问世标志着不同意识形态、文化传统、政治经济状况的国家为了反法西斯的共同目标联合起来。之后，又有21个国家陆续加入。1943年10月，中、苏、美、英4国在莫斯科发表了《普遍安全宣言》，正式提出"根据一切爱好和平的国家主权平等的原则，建立一个普遍性的国际组织"。1944年，4国代表再次集会于美国华盛顿市附近的顿巴敦橡树园内，将拟订成立的国际组织命名为"联合国"，并就其宗旨、原则、主要机构的组成及职权作了规定。至此，联合国基本轮廓初步形成，但那次会议在联合国安全理事会表决程序及创始会

员国范围等问题上还存有分歧，直到 1945 年
2 月的美、英、苏雅尔塔会议上才通过协商
解决。

联合国标志
里面是世界地图，四周是橄榄枝，象征
和平。

1945 年 4 月到 6 月，先后有 50 个国家
的 282 名代表接受邀请，聚会旧金山，出席
了《联合国宪章》制宪会议，并在《联合国
宪章》上签字。10 月 24 日，《联合国宪章》
正式生效，宣告联合国正式成立。这一天被
命名为"联合国日"。

联合国总部设在美国纽约，在瑞士日内瓦设有欧洲办事处。其主要机构有
联合国大会（简称"联大"）、安全理事会、经济及社会理事会、托管理事会、
国际法院、秘书处。其中联大由联合国全体会员国组成，是重要的审议机构。
安理会负责维护世界和平，有权根据联合国宪章采取一切必要的行动。根据宪
章规定，安理会有中、英、美、苏、法 5 个常任理事国。托管理事会自 1981 年
美国结束对太平洋岛屿的托管后，自动废止。国际法院受理国际诉讼案件，院
址设在荷兰海牙，由 15 名不同国籍的法官组成。秘书处是联合国日常行政管理
机关，其任务是为联合国其他机构服务，并执行这些机构制定的计划和政策，
设秘书长 1 人，秘书长是联合国的主要行政负责人。

联合国是当今世界各国政府间最大的国际性机构，其宗旨在于：维护国际
和平与安全，发展各国间友好关系，促进国际合作，协调各国行动。但同时仍
有个别超级大国想利用联合国来达到其霸权主义的目的。

冷战时代

1945 年，人类历史上规模最大、损失最惨重的战争——第二次世界大战结
束了。然而不久后，一场新的"战争"——以美国为首的资本主义国家针对以
苏联为首的社会主义国家的冷战时代拉开了帷幕。之所以称作冷战，是因为它
不像以往所发生的大规模战争那样硝烟弥漫，死伤惨重，而是若隐若现，只在

矛盾激化时才真正大动干戈，而且也只发生在一些局部地区。这场战争不仅是军事较量，更是政治、经济、高新科技的竞争，这场斗争持续了40多年，是一场看不见却又时时存在的"战争"。

冷战漫画

在这幅1962年的漫画中，苏联的赫鲁晓夫(左)和美国总统约翰·肯尼迪相对抗，在他们的核按钮上掰手腕。

二战中，美国实力空前强大，凭着原子弹的威慑力和雄厚的经济力量，妄想称霸全球，而当时唯一能与之分庭抗礼的便是苏联。在关于战后世界格局的安排上，两国态度迥然不同。最终，随着共同敌人——法西斯势力的垮台，以及二战的结束，美苏两国矛盾尖锐起来。

1946年2月，美驻苏代办乔治·凯南向国内发回一份8000字的电报，提出一整套"遏制"苏联的政策。同年3月，已卸任的英国前首相丘吉尔在美国密苏里州富尔敦发表了"铁幕"演说，叫嚣铁幕西边的西欧国家要与美国结成同盟，共同对付铁幕以东来自"俄国的扩张与挑衅"。台下的听众——美国总统杜鲁门鼓起掌来。就此拉开了冷战时代的帷幕。

1947年，杜鲁门主义出台，它是美国外交政策的转折点。从此，美国开始充当世界警察的角色，实施了向西欧盟友提供大批经济援助的马歇尔计划，帮助其尽快从二战的废墟中站起来，同时组织了英、法、荷、比、卢、加、德等15个西方国家，成立"北大西洋公约组织"，简称"北约"，彼此进行军事援助。之后，通过"第四点计划"、《美日安保条约》、《东南亚防务条约》、《巴格达条约》，建立起美国领导的从北大西洋，经西欧、地中海、中东、东南亚到东北亚的新月形军事集团体系，形成了以美国为首的西方集团。

对此，苏联也迅即作出反应，于1949年组织保加利亚、匈牙利、波兰、罗马尼亚、捷克等东欧社会主义国家，成立"经济互助委员会"，并在此基础上于1955年加上民主德国、阿尔巴尼亚共同成立"华沙条约组织"，简称"华约"，

互相援助，加强合作。两大阵营就此形成，彼此对立。20 世纪 50 年代的朝鲜战争、越南战争、埃及收复苏伊士运河的斗争，以及几次柏林危机和 60 年代的古巴导弹危机无不涉及两大阵营间的较量。1991 年，由于苏联解体，世界形势剧变，华约组织解散，冷战时代就此结束。

欧洲的联合

1989年拆除柏林墙，德国实现统一。

1950 年 5 月 9 日下午 4 时，在法国外交部钟厅，法国外长舒曼在举行记者招待会，他向在场的 100 名记者宣读了一项声明，提出了构建欧洲和平的打算，即结束法德之间长达百年之久的冲突，实现欧洲国家的统一。为此，法国政府倡议："把法德的全部煤和钢铁生产置于一个高级联营机构的管制之下，其他欧洲国家也可以参加。"这种联合意味着"将来在法德之间发生战争是不可想象的，而且在物质上也不可能。"

舒曼的这一声明被称为"舒曼计划"。当日晚上 8 时，联邦德国总理阿登纳举行记者招待会，对舒曼的倡议大加赞赏，表示完全愿意接受煤钢联营的计划。第二年 4 月，法国、联邦德国、意大利、比利时、卢森堡和荷兰的六国外长在巴黎签署《欧洲煤钢联营条约》，在通往欧洲统一的道路上迈出了重要的第一步。

几个世纪以来，欧洲的思想家们和政治家们曾经提出过各种欧洲联合的构想，但是只有到了 20 世纪下半叶，欧洲联合才第一次有了真正实现的可能。第二次世界大战后，欧洲国家的政治经济地位普遍下降，在欧洲，出现了美苏严重对峙的局面。对欧洲国家来说，只有走联合自强的道路，才能从美苏冷战的格局中摆脱出来，在国际舞台上重新扮演重要的角色。1946 年 9 月，英国保守

党领袖丘吉尔在苏黎世大学发表演说，号召建立"欧洲合众国"。之后，主张欧洲统一的各种组织纷纷出现，欧洲联合真正被提上议事日程。

欧洲六国在建立欧洲煤钢共同体后，继续探索欧洲联合的道路。1957年，六国签订《罗马条约》，又建立了欧洲经济共同体和欧洲原子能共同体，第三个共同体在20世纪60年代合并为欧洲共同体（又称欧洲共同市场），实行共同的农业政策，建立关税、经济和货币同盟。从1973年到1986年，英国、爱尔兰、丹麦、希腊、西班牙和葡萄牙相继加入，共同体成员国扩大为12个。

随着经济一体化的加深，共同体在政治领域的合作也不断加剧。20世纪70年代，共同体通过了关于政治一体化的报告，开始定期协调同政策，努力在国际事务中"用一个声音说话"。20世纪80年代，又签署了关于建立欧洲联盟的声明。1991年，欧洲共同体正式改名为欧洲联盟。

20世纪90年代，欧洲的联合又迈上了一个新的台阶。1993年1月1日，欧洲统一大市场正式启动，成员国之间实现了商品、资金、劳务和人员的自由流动。1999年欧盟开始实行单一货币——欧元。

中东危机

1948年，阿拉伯联盟在与以色列的战争中以失败告终。双方处于不稳定的停火状态。约旦已经占领了包括部分耶路撒冷在内的约旦河西岸的以色列领土。同时，以色列继续接纳大批从欧洲、苏联、美国移民而来的犹太人。另一方面，留在以色列的于1948年战败的阿拉伯人现已成为正式的公民。而在战争爆发时逃往以色列的阿拉伯人却被看作是巴勒斯坦的难民。巴勒斯坦人不愿承认以色列政府的合法性，于是不断地组织抵制运动，同时加紧建立自己的独立政府。

1956年，中东危机再次爆发，起因是埃及控制了原属英法统治范围的苏伊士运河。于是英法与埃及开战。以色列对此深感忧虑，出兵入侵了埃及的西奈半岛，破坏了在当地的埃及基地。1967年6月5日，中东第三次战争——阿以战争爆发。这场战争持续了6天。以色列破坏了埃及的空军力量，并且控制了整个的耶路撒冷、

约旦河西岸、戈兰高地、加沙走廊和
西奈半岛。1973年10月，第四次中东
战争爆发。埃及越过苏伊士运河出兵
进攻以色列，同时叙利亚也入侵戈兰
高地，但双双被以色列击败。

1976年，黎巴嫩的穆斯林与基
督教徒之间爆发内战。许多住在黎巴
嫩难民营里的巴勒斯坦人加入到穆
斯林一方。叙利亚也卷入其中，接着
联合国维和部队出面调停。1982年，
以色列入侵黎巴嫩，试图把巴勒斯坦
人驱除出境，但以失败而告终。

1980年至1988年，两个主要石
油生产国，伊朗和伊拉克之间爆发战
争。1990年，伊拉克出兵入侵石油盛
产地科威特。联合国于1991年出兵解放了科威特。

● 黎巴嫩首都贝鲁特在1976年的战争中遭到破坏

自此，以色列、埃及和约旦达成和平协议，以色列同意巴勒斯坦部分自治，
但紧张与冲突仍然继续阻碍和平进程。

波斯湾战争

盛产石油的波斯湾地区是全世界瞩目的焦点，尤其是西方国家石油消费量
的一半都来自于这一地区。因而，这一地区实际上成为西方国家的"输血管"或"生
命线"。

同在波斯湾地区的两个产油国家伊拉克与科威特积怨已久，因比廷、沃尔巴
两岛归属问题而争执不下；加之科威特边境的鲁迈拉大油田又着实对伊拉克有吸
引力。伊拉克拥有100万军队和与伊朗8年战争的经验；科威特总人口不过210万，
军队不过2万，实在相差悬殊。于是，在战争狂人萨达姆的策划下，一场入侵科

威特的行动便开始了。

1990 年 8 月 2 日，伊拉克驻科威特边境的十几万军队、365 辆坦克同时向科威特突进，3 个小时便占领了首都科威特城，伊拉克随即宣布科威特为伊拉克的第 19 个省。然而，一石击起千层浪，不仅科威特人民反抗侵略情绪强烈，整个阿拉伯世界都一致反对伊拉克对科威特的入侵，更重要的是，美国及西欧国家极不愿意看到有任何势力控制海湾地区，从而危及这条"生命线"。

🔺 海湾战争中的美军士兵

整个世界密切关注海湾地区的局势。美国在西方盟国的配合下，加紧对伊拉克经济封锁，到 10 月中旬基本完成"沙漠盾牌"行动计划，完成了对伊军事部署。英、法、意等国也派出了军队，加上埃及、叙利亚等阿拉伯国家的军队，共有 20 多个国家的 40 万军队部署在伊拉克周围。联合国在美国等西方国家影响下，通过了谴责伊拉克入侵行径的几项决议。然而，经济制裁、地上禁运、海上阻截、空中封锁，都未能迫使伊拉克就范。

1991 年 1 月 17 日晨，持续了 169 天的海湾危机终于转变为一场大规模战争。以美国为首、由 28 个国家组成的多国部队对伊拉克开始大规模空袭。开始，美国实施战略轰炸，力争以炸迫降，在此之后的 38 天中，美国出动飞机 94000 架次，投下炸弹 88500 吨。但战略轰炸未能使伊拉克投降。于是从 2 月 24 日起，美国开始进行地面决战，打了 4 天，伊拉克宣布从科威特撤军，并接受安理会所有决议。

海湾战争是一场现代高科技的较量，双方动用了各种激光制导炸弹、战斧式导弹、爱国者导弹、EA-6 徘徊者电子战飞机、无线电压制、反辐射导弹等一系列最先进武器，并动用了包括近 30 颗卫星和各种夜视器的现代化侦察手段。这场战争也是二战结束后卷入国家最多的一次局部战争，具有全球性的军事、政治影响。

苏联的解体

从戈尔巴乔夫 1985 年 3 月担任苏共总书记到 1991 年 12 月辞去苏联总统的不到 7 年的时间内，苏联经历了一场改革—演变—解体的过程，从一个统一的世界强国变成了四分五裂、危机四伏的各个独立国家。戈尔巴乔夫执政后，面对国民经济停滞不前的局面，决定对传统的经济管理体制进行改革，但由于政治领域中官僚主义和集权主义的束缚，经济改革难以奏效。为此，苏共试图以"公开性"和"民主化"来扫除障碍，但在实际

苏联时期的英雄奖章

工作中，这种做法演变为专门揭露历史和现实生活中的阴暗面，损害了苏共的形象和权威，使人们对苏联的政治体制产生了怀疑和不满。正因为这样，1988 年苏共第十九次全国代表会议全盘否定了苏联传统的政治体制，并把"人道的、民主的社会主义"作为苏共的奋斗目标，使苏共改革的指导思想发生了根本转变。

从 1990 年起，苏联开始全面实施民主社会主义理论，相继作出了改变苏共和国家命运的几项重大决定。在政治方面，实行议会民主制、总统制和多党制，取消共产党的法定领导地位；在经济方面，实行市场经济，允许多种所有制经济成分平等竞争；在思想文化方面，实行多元化，放弃马克思主义的指导地位。这一切从根本上改变了苏共的性质和地位，使苏联彻底背离了社会主义方向。

随着和平演变的结束，苏联陷于了全面危机：政治上，苏共继失去领导地位后，内部又严重分化和削弱，使国家政权处于半瘫痪状态；经济持续衰退，已达崩溃边缘；民族矛盾和冲突加剧，各加盟共和国纷纷要求独立，联邦国家面临分离的危险。为了维护国家的统一和社会主义道路，1991 年 8 月 19 日"传统派"共产党人发动了政变，但失败了。随后俄罗斯和其他各共和国相继宣布禁止共产党活动，戈尔巴乔夫辞去苏共中央总书记职务，要求苏共中央自行解散，整个苏联掀起了反共浪潮。与此同时，联盟迅速走向解体。到 12 月，苏联原有的 15 个加盟共和国除俄罗斯外均宣布独立；12 月 21 日，俄罗斯、乌克兰等 11 个共和国又组成了松散的独立国家联合体。至此，苏联正式解体，戈尔巴乔夫也在圣诞节宣布辞去苏联总统职务。